こうすれば250ヤードは超える!!

飛ばしのお約束

タケ小山

日経プレミアシリーズ

はじめに

「若いときにはすごく飛んだんだ」「昔は飛ばし屋だったんだよ、オレ」――シチュエーションは様々ですが、よく聞くセリフです。クラブハウスでのランチタイムや練習場の打席ではもちろんのこと、ゴルフ仲間が集まるお酒の席でも、こんなことを話している人、結構いるでしょう？

プロゴルファーだって例外ではありません。むしろ、アマチュアより多く口にするくらいです。パーシモンのドライバーと糸巻きボールの時代に飛ばしていた人たちは、なおさら自慢したくなる。もちろん、その気持ちもよく分かる。でも、あえて苦言を呈しましょう。「戯言《たわごと》をいっているのは誰？　大事なのは過去の栄光ではなく今だ！」と。

ゴルフに限ったことではありませんが、「昔はよかった」というばかりでは、そこから先の進歩はありません。飛ばなくなったからといって、「ゴルフは技だ」なんて口にしていると、本当にますます飛ばなくなってしまいますよ。エージシュートなんて夢のまた夢。それではつまらないでしょう？

もちろんスコアメイクには小技も大切です。そのことは、２０１５年に私が上梓した『１５０ヤード以内は必ず3打で上がれる!!　アプローチのお約束』で分かっていただけたことと思います。それでも、ゴルファーにとって飛ばしは究極の憧れです。ゴルファーなら永遠にビッグドライブを夢見るはずです。だから本書では、徹底的にビッグドライブにこだわっていきたいと思います。

人間は自己矛盾に満ちた生き物です。スコアメイクのためには小技こそが大事だと分かっていながら、ドライバーを気持ちよくかっ飛ばしたときの快感も忘れられないのです。だから本書ではひたすらビッグドライブだけを追い求めます。それが手に入ったらまた、小技を磨く「アプローチのお約束」に戻ればいいのです。あなたのゴルフはこうして磨かれていくのです。

飛距離というものは放っておけば加齢とともに確実に低下します。悲しいですが、これは現実です。けれども、その衰えるペースを遅くすることは可能です。スイング改造や技術の進歩に伴って進化したクラブやボールを最大限に取り入れることで、飛距離の減少を補うことができるからです。場合によってはプラスアルファを加えることさえできるかもしれません。

実際、２０１６年７月７日で52歳になり、シニアツアー３年生となった私は今でも、キャリーで２５５ヤードのドライバーショットをキープしています。素晴らしいでしょう？ プロゴルファーとはいえ、解説や講演、テレビやラジオ出演、本の執筆などという仕事も忙しく、年間のラウンド数は80回程度がやっと。少ないですが、それでも飛距離は維持できているのです。その秘密をお教えしましょう。

それは、できる限りクラブを振っているからです。「え？ そんなこと？」といったそこのあなた！ あなたはどれだけクラブを振っていますか？ 何もしないで飛距離の維持はできません。ましてや飛距離アップなんて夢のまた夢。加齢という大きな敵と戦うためには、それなりの努力が必要なのです。そこだけは心しておいてくださいね。

「己の体力の現状維持」――これが最低条件です。これをしない人のビッグドライブは保証できませんよ。これまでドライバーを練習場で50発打っていたのが、疲れて打てなくなってしまうようでは困るのです。みなさんが体力を維持していられれば、その間に用具のほうが進化してくれる。だから、そのテクノロジーを最大限に活用して飛距離を落とさないようにする。こういう仕組みです。体力維持の努力もしないで、ただテクノロジーに頼るだけと目論むのは虫が良すぎるというものです。

私は50歳になったときから、1月、2月、3月のオフシーズン、必ず毎日素振り用のバットを持って愛犬ひまわりの散歩に出かけます。その際、雨が降ろうがヤリが降ろうが、必ず900gの重いバットでの素振りを欠かしません。左手一本打ちや右手一本打ちなど、さまざまなバリエーションが私なりにあるのですが、とにかく毎日100スイングは絶対にやります。これが大事なのです。

このルーティンは、体力を維持するという目的にかなっています。なにせ重いバットを振っているのですから。暖かくなって、実際にクラブを振ると、これがとても軽く感じられるのです。

もうひとつ、メンタルな部分にも大きな効果があります。本格的にスポーツに取り組んだことのある人なら分かっていただけると思います。自分で決めたことをきちんと続けると、それが大きな満足感や自信につながるのです。「あれだけやったんだから」と。

はっきりいってしまうと「落ちる飛距離に合わせてゴルフをやっていこう」と思う方や、「これまでコイン2個分練習していたけど、最近は疲れるから1個にしちゃおう」と考えてしまうような方に、本書は向きません。『アプローチのお約束』1冊で十分。「ショートゲームの大切さは十分に分かっているけど、それでもいくつになっても飛ばしたい」という方だけ読んでください。ただし、読んだだけでは上達したり、飛ぶようになったりはしませんよ。本書を持って練習場にGO！です。

タケ小山

Titleist
Titleist
YAMAHA
YAMAHA
YAMAHA
Titleist
TAKE
KOYAMA
フランスベッド
JMCS.
Titleist

目次

はじめに …… 3

第1章 ドライバーは飛ばさないと面白くない!! …… 15

1 スカッとするよね、飛ばしは! …… 16
2 「自分は飛ばしたい」という欲望をもて …… 19
3 飛べばゴルフはより楽しくなる …… 22
4 今のスイングのままでも飛距離は伸びる …… 26
コラム・タケの独り言① タケは今でも飛んでいる! …… 31

第2章 飛ばしのお約束〈1〉 35
1 身体のねじりを上手に使え 36
2 肩の回転を最大限に利用する 38
3 腰の回転を意識する 39
4 スイングアークを最大限まで大きくする 47
5 腕の振りは飛ばしのキモ 50
6 フットワークを使ってヘッドスピードをさらに上げる 52
7 タメをつくる 55
8 左サイドのカベで爆発させる 57
9 飛ばしのグリップ 58
10 フルスピードでインパクトからフィニッシュまで 60
コラム・タケの独り言② 恩師 リナ・リッツンの教え――腕を振れ！ 63

第3章 飛ばしのお約束〈2〉……67
1 スイング軌道と飛ばしのメカニズム……68
2 スイングの最下点でボールをとらえる……75
3 加速し続けるダウンスイングを身につける……77
4 スイングバランスと安定度を知る……86
5 飛ばしには重いヘッドを使え……89
コラム・タケの独り言③ 飛ばしのいろいろ「青木さんとジャンボさん」……91

第4章 飛距離はお金で買えるもの……95
1 古代クラブは門前払いです……96
2 自分に合ったクラブヘッドを見極めよう……98
3 シャフト選びも心地よいクラブ選択のための重要ファクター……101

4 どうしても飛ばしたいなら、「ヘッド」と「シャフト」それぞれにこだわる……105
5 シャフトでつくるタメ……108
6 自分が振れる最も長いシャフトを選ぶ……110
7 お金をかければ飛距離は買える……112
8 トレーニングは現状維持のつもりで平均的に鍛える……117
9 飛ばしのための練習器具は主に2タイプ……120

第5章 飛び道具はドライバーだけじゃない……125

1 自分のプレースタイルに合ったボールを使う……126
2 フェアウエーウッドは下からしゃくるように打つ……133
3 飛ばす前にライを慎重に見極める……137
コラム・タケの独り言④ ボールの歴史……139

第6章 スコアメイクのために必要な飛ばしのマネジメント …… 143

1 飛ばしのためのストレッチ …… 144
2 飛ばしのメンタル …… 160
3 飛ばしの共通項 …… 162
4 人の振り見て我が振り直せ …… 165
5 風をつかめ …… 166
6 コースの形状を分析して飛ばす …… 169
7 グラウンドコンディションを分析して飛ばす …… 171
8 やっていい大バクチ …… 173

タケ小山のドライバーショット …… 176

おわりに …… 184

構成・編集協力：遠藤淳子（清流舎）
本文写真：伝昌夫
本文イラスト：山田康裕
本文デザイン：ヤマダジムショ
協力：東宝調布スポーツパーク

第1章

ドライバーは飛ばさないと面白くない!!

1 スカッとするよね、飛ばしは！

やっぱり飛ばしはゴルフの醍醐味。ドライバーをかっ飛ばすとスカッとするよね。日頃、会社では上司ににらまれ、部下に突き上げられ、家に帰れば奥様にアゴでこき使われる企業戦士の皆さんのようにストレスがたまっていると、週1回の練習場や月イチのラウンドで、ドライバーを思い切り振るのが楽しみなのはよ〜く分かります。

ショートアイアンそっちのけでドライバーばかり練習している人がすごく多いのも、当たれば気持ちいいから。タケ小山だってあっちで打たれ、こっちでこ突ずかれしていますから、その気持ちはすごく理解できます。だからどんどん振っちゃいましょう。そう、今回のテーマは飛ばし1本。ドライバーは振れば振るほどスイングスピードが上がるんです。14本のクラブの中で最も長さのあるドライバーは、実はスイングスピードの一番上がりにくいクラブです。それを克服できるのがスイングアークの大きさとテンポ。これが、スイングスピードを上げるのに効果てきめんなんです。

ドライバーの練習、どんどんやりましょう。今日からは練習場に行ったら8割はドライバーを振ってみましょう。１００球打つ人なら、そのうちの80球はドライバーショット。これ、結構大変ですよ。まず80球、ドライバーを振る体力が必要ですからね。まずは振り負けない体力をつけましょう。

それともう一つ。いきなりドライバーを振り回してもいいのですが、ストレッチが足りないと身体のどこかを痛める可能性があるので、気をつけてくださいね。小さいクラブから打ち始めて身体をほぐし、十分に温まってからドライバーを打つというのが、安全策ではあるんですが、僕はいつもいきなりドライバーを握ります。

以前は6番アイアンから打ち始めていたのですが、今では最初っからドライバー。２０１５年に日本シニアオープンに出場したときの練習場でもそうでした。そうはいっても、さすがにいきなりフルスイングはしませんよ。キャディーに次々とボールをティーアップしてもらって、連続打ちをするんです。最初は右腰から左腰までのフルイメージのハーフスイングから、身体の動きを確かめるようにだんだん大きく振っていく。10球目で8割くらいの大きさで振る感じでしょうか。もちろんこれは、練習を始める前にストレッチを十分にしているからできることです。これだけは忘れないでください。連続打ちでだんだん大きく振っていくのは、いわばストレッチの続きの部分なんです。

最初からドライバーを持つのは、大きなスイングができるから。ドライバーというのは長いクラブですから、そう簡単に振り上げることはできません。その長いドライバーをゆっくりと、かつソリッドに（鋭く）振るということは、スイング幅が大きいということ。弧の大きいスイングをすることには、ミート率を上げる効果があるのです。

ドライバーを打つ量が増えたのは、年齢的なものもあるかもしれません。心のどこかで飛距離ダウンを恐れていると言い換えたらいいでしょうか。シニアオープンで周囲を見回すと、意外なことに他にも何人かドライバーから練習を始めている選手がいたのに気がつきました。レギュラーツアーでは、おそらくこんなことはないでしょう。先ほども書いたように、長いドライバーを振るには体力が必要なんです。それを維持するためにもどんどんドライバーを振りましょう。体力減退なんてどこの話？　ってなもんです。ドライバーがブンブン振れるだけの体力をキープし続けたいものです。

くどいようですが、それもやはり安全第一です。無理は禁物ですよ。故障すると治るのも遅いのがシニアですからね（若い読者の方も同じです。治癒のスピードが少し早いだけですよ)。練習場で100球打つうちの80球ドライバーが打てれば大したもんです。ウォームアップは10球程度。それだけの体力と精神力があるか、まずは覚悟してかかってください。では、「飛ばしのお約束」の始まりはじまり!!

2 「自分は飛ばしたい」という欲望をもて

「飛ばしたいなら憧れから入れ」。これ、タケの格言です。憧れの対象は、人だったりコースだったり、過去の自分だったりします。「飛ばす人を見て飛ばしたいと思う」「コースに対峙して飛ばしたいと思う」「昔はあんなに飛んでたんだから今でも飛ばしたいと思う」などなど、どれでもいいんです。悔しさを糧に更なる飛距離を身につけましょう。

私は今でもキャリーで255ヤードの飛距離をキープしています。これは譲れない。こんな風に「○○○ヤード以上」という具体的な目標を持つのもいいでしょう。そうすれば自ずとそれに近づけるためにやるべきことが見えてきます。

マーク・オメーラという選手は、元々飛距離がある方ではありませんでしたが、若き友人に刺激され、飛距離を伸ばしたのです。友人の名はタイガー・ウッズ。1996年に全米アマチュアゴルフ選手権で史上初の三連覇を飾った翌日、プロ転向を発表したスーパースターです。鳴り物入りでプロとなり1997年のマスターズを記録ずくめの成績で制したタイガーと、いつも練習ラウンドを共にしていたオメーラは、飛距離のアドバンテージに改めて気づきました。さすがにタイガーほど若くはないので、キャリーを伸ばすのは難しい。けれどもテクニックはあったので、ランの出る球を工夫して飛距離をアップ。これが奏功し、1998年にはマスターズでメジャー初優勝。同じ年に全英オープンにも優勝し、グリーンジャケットとクラレットジャグを手にして見せたのです。これこそ「飛ばしたい」という欲望が呼び込んだ勝利にほかなりません。

2002年、2007年と2度、日本ツアー賞金王に輝いている谷口徹《たにぐちとおる》は、近ごろでは若手の「師匠」と呼ばれることが多くなりました。トーナメント会場でも、練習場やパッティンググリーンで若手の練習を見たり、あれこれ教えたりしている姿が目立ちます。オフシーズンには若手とキャンプに行くのですが、相手はみな、飛距離のある若手ばかり。これは自分が失いかけた飛距離を取り戻すことを求めているからなんです。若手のエキスを吸いまくっているんですね。

「ゴルフは飛ばしじゃないよ」という言葉に耳を傾けてはいけません。ネガティブな発想の人が近くにいると、どうしてもそちらに影響されてしまいます。水は低きに流れる——。それに甘んじることなかれ——。まだまだ、もっともっともがいてください。ショートゲームは欲より我慢で磨かれます。でも、ドライバーは欲と体力が必要なんです。バカになるくらいでいいんです。ブレーキをかけることを恐れず目をつぶってひたすらクラブを振りましょう。

話を元に戻します。憧れの対象が飛距離のある人の場合、できる限りその人と一緒にラウンドしてください。そこで刺激を受け、飛ばし合いをすることで確実に飛距離は上がります。こちらがライバル視すれば相手も必ずそう思うはず。そうなればしめたものです。青木功《あおきいさお》、尾崎将司《おざきまさし》、中嶋常幸《なかじまつねゆき》——。俗にＡＯＮと呼ばれる日本の大先輩たちは本当にお互いライバル心の塊でした。いずれも日本人離れした体格の３人が、一緒に回るとムキになって飛ばし合っていたのです。

AONのようにはいかなくても、みなさんも飛ばし合いをどんどんやってください。そのとき、相手の飛距離のどこまでがキャリーでどこからがランによるものなのかをよく見ておくことも大切です。キャリーが大きい人なら、ウェットなコンディション、アップヒルのホールでは有利になりますね。ランで稼ぐ人なら地面が硬ければ飛距離は伸びていく。相手を考えて対決コースを選ぶのもまた面白いものです。相手を考えてプレーしましょう。

次に、相手がコースだった場合はどうしたらいいでしょう。自分の球筋次第でコースを選んでみます。キャリーとランの割合が分からない？　だったら測定してみましょう。練習場でもショップでも、今は簡単に測定できます。簡易スイング測定器を手に入れるのも難しいことではありません。飛距離を追い求めるなら、それくらいの投資はしてくださいね。

3　飛べばゴルフはより楽しくなる

飛べば飛ぶほどゴルフが楽しくなる。それはみなさん、よくご存じですよね。「会社のコンぺで同期のライバルに勝ちたい」「上司の○○さんを負かしたい」というような気持ちは、スコアでもそうですが、飛距離でさらに強くなるのではないでしょうか。「俺のほうが飛んでいる」「うう、負けた」などと強烈に意識した覚えのある方も多いと思います。これは人間をライバル視する場合ですね。

例えば、ローリー・マキロイは330ヤードかっ飛ばしますが、それでもキャリーで330ヤードを誇るバッバ・ワトソンにはかないません。そう、ワトソンと比べてしまうとマキロイは「飛ばない」のです。他のプレーヤーを意識すると、こういうことが起こってきますね。

人間ではなく、コースを相手に飛距離勝負を挑む場合はどうでしょうか。自分のメンバーコースがある方なら「18番のあのバンカーを越えるドライバーショットをかっ飛ばす」とか「5番パー5のティーショットで左の林をショートカットするぞ」などと、毎回、自分の飛距離を確認できるシチュエーションがあるでしょう。そこで、コースと〝勝負〟する。あるいは、セカンドショットの景色を見ながら、過去の自分と〝勝負〟する。つまり年齢による飛距離の衰えを食い止めようと踏ん張るわけですね。

いずれの場合も、自分の飛距離を数値化すると分かりやすいし楽しいですよ。前項でも書いたようにキャリーが何ヤードでランが何ヤードなのか――。それをしっかり見極めるのです。クラブも含めて調整しながら、キャリーを伸ばす、あるいはランの出る球を打てるようにする。工夫の仕方は色々あるんです。

1ヤードでもキャリーが伸びると、落下点の状況が変わるため、これが10ヤード、いや30ヤードの違いにもなってくることがあります。そうです。それまでアップヒルにキャリーして止まってしまっていたのが、フラットな場所になれば転がるし、ダウンヒルにキャリーすればもっと転がる。そういうことです。キャリーで180ヤードだった人が190ヤードキャリーできるようになると、エクストラの飛距離がついてくるんです。トータル210ヤードになったり、215ヤードになったりすることもあるというわけです。決して数字のマジックではありませんよ。

だから飛距離をあきらめちゃいけないんです。「私は飛ばないから」なんて決していわないで。1ヤードでも2ヤードでも今より遠くに飛ばせるようになれば、違う景色が見られるようになるんです。今までつかまっていたバンカーを越えていくこともできるようになる。あなたのゴルフが別世界に入っていく可能性はは十分あるんです。

よく覚えておいてください。いくつになっても、スコアメイクだけではなく、飛ばしも必ず意識するように頭の中を改革してください。自然に両方意識できるようになったらもうけものですよ。

クラブメーカーのうたい文句に「今より10ヤード飛ぶ」などという常套句がありますが、いきなり10ヤード、20ヤードの飛距離アップなんて求めなくていいんです。5ヤード、いや1ヤードでもいいから伸ばすこと。これが、結果的に大きな飛距離アップにつながります。

飛距離が伸びるのはドライバーだけではありません。飛ばせるスイングを身につければ、他のクラブだって、これまでより飛ぶようになります。分かりやすいのは、パー3のティーショットでしょうか。2~3ヤード飛距離が変われば、それまでウッドで打っていたところがアイアンで打てるようになるかもしれません。当然、弾道も変わってきます。ボールが止まるようになれば、上から攻めていくこともできるようになる。さらにゴルフが楽しくなるというわけです。

パー5になればもっと楽しめます。だって全部のショットが飛ぶんですよ。飛距離アップしたショットを3回打つチャンスがあると考えられますね。もしかしたら、これまではグリーンまで3回だったものが2回になる可能性だってあります。クラブの芯に当たる確率が上がれば、どんどん飛距離は伸びていく。後は「アプローチのお約束」さえ守れば、当然スコアもよくなっていく。当たり前のことです。ああ、やっぱりゴルフって楽しい！

4 今のスイングのままでも飛距離は伸びる

「飛距離を伸ばすにはスイングを徹底的に改造しなくちゃ」。そう思っている方、たくさんいると思います。でも、アマチュアがスイング改造するなんて、時間もかかるし大変です。そんなリスクのある方法を取らなくても、今のままのスイングで十分、飛距離アップできますよ。それに飛距離がアップすれば、今、90台でプレーしている人はすぐ70台を出せるようになるし、平均スコア100前後の人は、80台後半のスコアが出せるようになります。ウソじゃありません！

どういうことかって？　簡単なことです。平均飛距離を上げるには、スイングを変えるのではなく、飛距離の出るショットの確率を上げればいいのです。キャリーとランを合わせてドライバーの飛距離がマックス200ヤードの人が、1ラウンドに2回、そのショットを出すとしましょう。残りは当たりが悪くて160ヤードが4回、180ヤードが6回。チョロして100ヤードが2回。これだとトータル2320ヤードで、平均飛距離は割る14だから165・71ヤードになります。でも、マックスの200ヤードを4回出すことができて、180ヤードが6回、160ヤードが4回でチョロがなくなったらどうでしょう? トータル2520ヤードで、14で割った平均飛距離は180ヤードちょうどになります。そう、平均飛距離が15ヤード近く伸びたわけです。

「そんなの分かってる。やっぱり数字のマジックじゃないか」、などということなかれ。ゴルフは確率のスポーツです。マックスの飛距離はあるけど確率が低いのでは、平均飛距離は大したことがなくなってしまうんです。

今の体力、今のスイングで平均飛距離を5ヤード、10ヤード伸ばすにはボールストライキングをきちんとできるようになること(ナイスショットの確率を上げること)、これが一番近道なんです。今、90台でプレーしている人は、すでにそれなりのショットをしていますが、さらにこの確率を上げることで平均飛距離がアップ。それにつれてスコアも70台に突入できる。95から100くらいのスコアをフラフラしている人は、さらに伸びしろがたくさんあります。いや、伸びしろだらけといっていいでしょう。長年、私が見てきた経験上、そもそもアベレージゴルファーのナイスショットは1ラウンドに1~2回しかないというのが現実です。これがドライバーで1日3回に増え、セカンドショットで3回に増えただけでも一気に平均飛距離はアップします。ここまでは簡単ですね。そう、アベレージ（平均）の飛距離をできる限りマックスの飛距離に近づけていきましょうという話なんです。当然、そうなればスコアもよくなりますね。だから80台後半も夢ではないんです。ナイスショットが増えて平均飛距離が伸び、スコアもよくなる。ゴルフがうまくなったことがすごく実感できるはずです。スイングだって進化していきますよ。なぜなら、すべてが安定するということですから。

40歳を過ぎたベテランになっても飛距離を求める谷口徹プロは、体力が落ちないようにトレーニングを欠かしません。ローリー・マキロイを目指しているから、弟子の松村道央《まつむらみちお》プロと「タニロイさん」「ミチロイさん」と呼び合っているほどです。でも、アマチュアの皆さんはこんな風にトレーニングしているヒマなどないでしょうし、続けることもできないでしょう。だから、今回はそんな話はしません。僕だってそんなことしてないですから。最初に書いたように、ドライバーをたくさん振れる体力だけを維持してくれれば、それでいいんです。その中で平均飛距離をあげていけばいいんです。飛ばすためのエトセトラは、次の第2章から順次ご紹介していきます。

Titleist

コラム タケの独り言①

タケは今でも飛んでいる!

1989年6月。米国フロリダ州オーランドのゴルフリゾートへ所属プロとして渡米する。理由は「試合に出たいから」というシンプルな気持ちだけでキャディーバッグ1つを担いで日本を後にした。しかし、最初の3ヵ月は試合に出るどころではなく、働きながら試合に出ることが、契約した企業との約束だった。最初の3ヵ月は研修期間で、プロショップからレストラン、グリーンキーパーのところで芝刈りや芝の勉強もさせられた。試合に出るために渡米したのに、それができないジレンマ。しかし、その研修が現在の私の生業であるゴルフ解説に役立っているので非常に感謝している。米国のプロには多くの業種が存在する。ゴルフ場で働くクラブプロ、レッスン業務をするレッスンプロ、大学や高校のコーチをするプロなど、その業種は20を超える。その中に、日本から参戦する、松山英樹《まつやまひでき》、石川遼《いしかわりょう》、岩田寛《いわたひろし》選手などが米国の試合に参戦しているツアープロというカテゴリもあるのだ。

研修の3ヵ月を過ぎ、試合のない日にはゴルフ場の業務、試合があれば試合を追いかける生活が始まる。渡米して最初の試合で度肝を抜かれることとなる。それが「飛距離」。何しろ試合に出ている殆どの選手に置いて行かれるのだ。日本では、飛ばし屋としてある程度自負していた自分が悲しくなるほど飛距離の差があったのだ。日本のコースは狭く、OBがコース内に多く存在する。少々距離は残っても安全なフェードボール、いやスライスボールを多用することで対応していた。それでも飛距離は出ていたがそれは7000ヤード弱の日本のコースだから対応できたのだ。米国では7000ヤード超えが当たり前で、所属していたコースが、当時フロリダ州で一番長いコースで7500ヤードあったのだ。450ヤードを超えるパー4が5つ、200ヤードを超えるパー3が2つもあり、必然的に飛ばさなければ勝負ならない状況に置かれてしまったのだ。

「飛ばさなければならない状況」に置かれることで、自称〝飛ばし屋〟が更に飛ばすことに努力する日々が始まったのだ。まずは日本で安全、安定のために手に入れたフェードボールから飛んで転がるドローボールへの変更を決意する。そのためのコーチ選びとして、まずオーランド在住のドローボールを持ち球としているツアー選手たちを選び出し、それぞれ誰にコーチを受けているかによってコーチを選定した。日本ではレッスン業務にも携わっていた自分がお金を払ってでも手に入れたかった〝ドローボール〟。こうして身につけた技のおかげで、現在も高弾道のドローボールで飛ばしている。今でも自信をもって自分の持ち球は〝ドローボール〟と宣言できる。

2014年正月元日。その年は〝シニア元年〟で目標を立てた。国内シニア最高峰の試合、日本シニアオープンに向け、絶対に出場すると公言した。やらなければならない状況をつくり出したのだ。2007年のシーズンから、プレーヤーとしては引退状態だった7年間のブランクは大きい。そこで最初にあげた目標が、スイングスピードの回復と加速だった。春先の4月までは徹底的に素振りを繰り返した。毎日、愛犬と散歩をする際に素振り用のバットを持って出て、素振りを繰り返す。そんな状況を作り出したことで、ヤル気ともいえるモチベーションも上がった。シニア3年目に突入した今年の元日も同じ目標を立て、4月までしっかりバットを振り込んだ。おかげでスイングスピードは、レギュラーツアーで戦っていた頃の数字とほとんど変わらない。自分から飛ばしたいと思うこと、目標をしっかり持つことで状況を作り出し、飛距離にこだわりを持ってもらいたい。必ず「飛距離」は手に入れることができるのだから。

第2章

飛ばしのお約束〈1〉

では第2章では、具体的な飛ばしの方法を重要な論点に応じたキーワードごとに解説していきましょう。

飛ばしに必要なのは、ヘッドスピードを上げることです。そのためにまず大事なのは、ボールの初速を上げることです。ボールのスピードとヘッドスピードは比例すると考えてください。

【お約束】「飛ばす＝ボールの初速を上げる」と心得よ

1 身体のねじりを上手に使え

ご存じのように、ヘッドの反発係数には規制がかかっています。その中でヘッドスピードを上げるためには何をしたらいいかということを考えるのです。

自分のスイングを見直してみましょう。そんなに高レベルの話をしているわけではないので、いやがらず、自分がクラブを振る能力を客観的に見直し、効率のいいスイングを手に入れるのです。スイング改造？　いえいえ、それ以前に、スイングに合ったシャフトを手に入れるのです。これなら簡単でしょう。それが大前提。まずは少し、お小遣いをためてフィッティングをして、自分のスイングに合ったシャフトを装着。これで準備完了です。ここから先はそれを前提にすれば、より効果的に飛ばしが実現できます。

そして、ヘッドスピードアップのための第一段階は、身体のねじりを上手に使うことです。ねじりとは、上半身と下半身の捻転差ですね。輪ゴムだってねじればねじるほど、元に戻る勢いが出ますね。それと同じです。ねじって戻る。この動きを効率よくするためには、腰が一緒についていってはいけません。アドレスの姿勢から、身体の動きの大きさには差がありますか。こんな不等式にすれば分かりやすいでしょうか。

つま先　＜　ヒザ　＜　腰　＜　肩

分かりますね。一番動いているのは肩なんです。

さらにこれに時差が加味されます。みんな同時に動いてしまったのでは、捻転差は生まれない。順番に動いていって、順番に戻ってくるけれど、最後はそれが一緒になる。そろってインパクトを迎えられるのが理想です。これさえできれば、どんなに身体がかたい人でも、年齢を重ねていても、つま先と肩のラインのねじれ度が大きければ大きいほど、ヘッドスピードを上げることができます。よく覚えておいてください。

【お約束】ヘッドスピードアップには、まず身体のねじりを上手に使う

2 肩の回転を最大限に利用する

次の飛ばしのキーワードは、**肩の回転**です。これが大きくなればなるほど、クラブの助走距離は長くなります。マックス（最大）が90度。目標に対して背中を向ける状態がこれにあたります。

このマックス状態を目指すためには、バックスイングであごの下に左肩を入れることを意識するのがポイント（写真①）。ダウンスイングでは、逆に、右肩が同じようにあごの下に戻ってくる（写真②）ことを意識すれば、インパクト後のフォロースルーがきれいに描けます。始動からフィニッシュまで、マックスの肩の回転を手に入れることができるのです。肩の回転を最大限に利用して振り抜くことができ、ヘッドスピードを上げることができるというわけです。

【お約束】バックスイングであごの下に左肩を入れる意識をもて

3　腰の回転を意識する

飛ばしのキーワード3つ目は、**腰の回転（ヒップターン）**です。せっかくバックスイングをしっかり上げることができても、そこで苦しくて力尽きてしまう人は少なくありません。

写真②

写真①

タメておけずに、とっととほどけてしまい、手だけが先に下りてきてしまうパターンですね。これでは、ヘッドスピードは加速しません。実にもったいない!! 身体のねじりの項でもお話ししましたが、「つま先∧ヒザ∧腰∧肩」という徐々に大きくなってくるねじりの角度の時差は、ほどけるときにパワーが一気に爆発するのに、これが失われてしまうのです。こんなもったいないことをしないようにするのがヒップターンというわけです。

伝統的な日本のオモチャに、でんでん太鼓というのがあるでしょう。それを思い出していただけますか。太鼓についた棒をくるくる回すと、太鼓からぶら下がった紐の先についた玉が太鼓の腹を叩き、音が出る。あの紐の動きのイメージです。

体幹がでんでん太鼓の棒部分。紐を腕に例えたら分かりやすいでしょうか。その先についている玉がクラブヘッドです。早く回せば回すほど、棒部分との〝時差〟が生まれ、そのスピードはアップする。これはイメージできますよね。それと同じなんです。

理想のインパクトは、腰がアドレスの姿勢に戻ったときに、クラブと腕もそろって下りてくるタイミングです。フォローでそのまま回転していって、フィニッシュではおヘソが目標を向くことになるわけです。

イラスト③

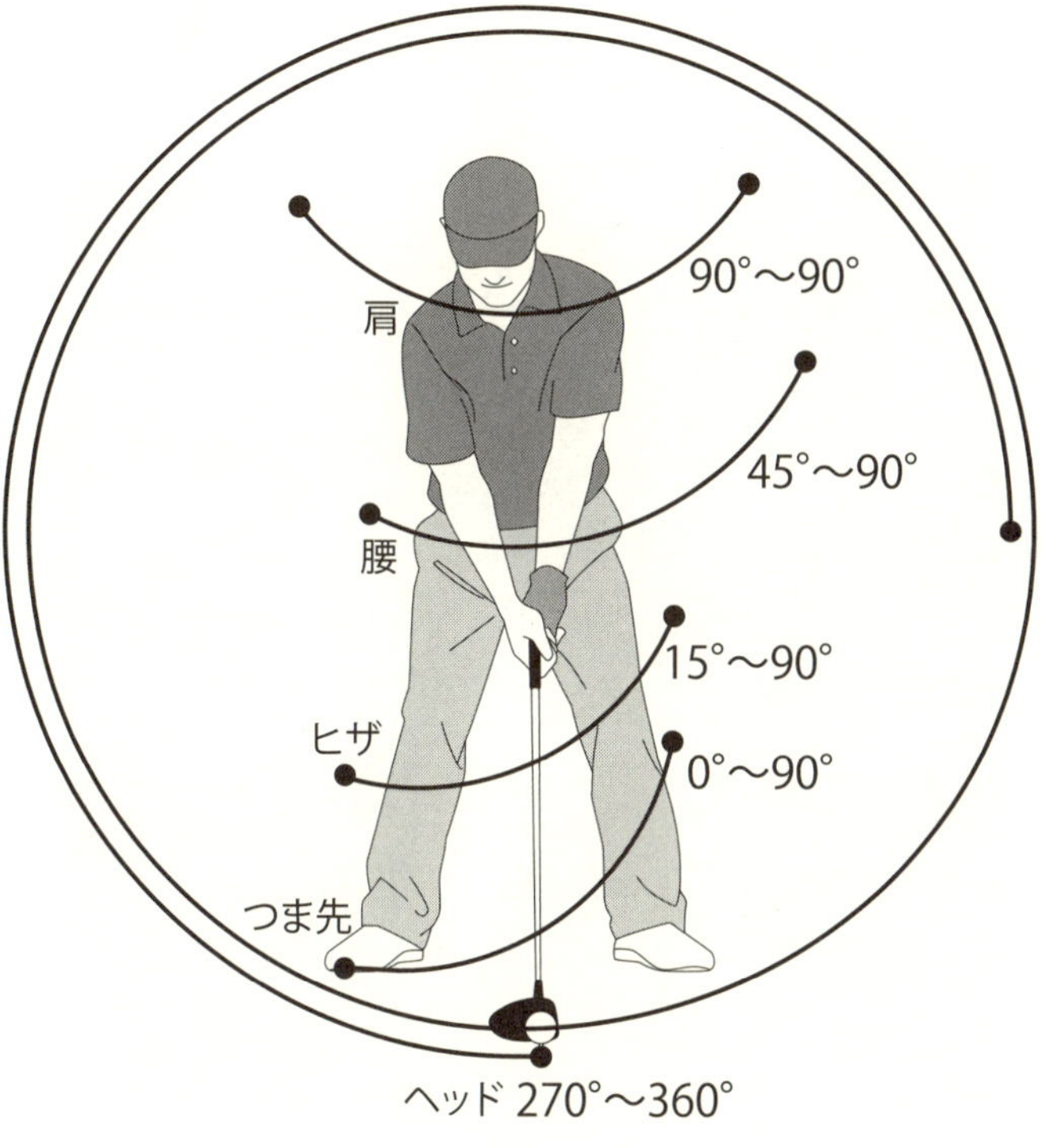

写真⑤

写真④

理想的な全体の動きで見るとイラスト③のようになります。アドレスのとき、全てが0度と考えると、スイング中の動きは、つま先が0度（バックスイング）から90度（フィニッシュ）で、ヒザは15度から90度。腰は45度から90度となり、肩は90度から90度になります。ではクラブヘッドはというと、バックスイングでは270度、フィニッシュまでしっかり振り抜くと、360度回ってくることになる。身体全体の支点となる地面についた部分（足）から遠くなればなるほど、大きく回転してねじれが生まれるわけです。

ヒップターンを意識するのに一番いいのは、足の付け根のズボンのシワのでき方を見ることです（写真④⑤）。アンカーポジションといういい方をする、このねじった姿勢は、分かりやすくいえば、バーのスツールのような高い椅子に座ってやってみることができます。これをしっかり覚えて意識しながらスイングすることで、ヒップターンを覚えることができるのです。そうすれば、ヘッドスピードを上げることができます。

【お約束】でんでん太鼓のようにヒップターンせよ

4 スイングアークを最大限まで大きくする

みなさん、ドラコン王やドラコン専門のプロたちのスイングを実際に見たことがありますか？

彼らは、試合に出てスコアを競うことではなく、飛距離だけを追求し、それを競うことを生業としています。アドレスでのボールポジションは身体より左側。構えたら右に思い切り体重を乗せるようにバックスイング。一本足打法のような状態で左にステップしながらダウンスイングして、球を思い切り飛ばしています。

見たことのない方はイメージしてみてください。彼らは、なぜボールをそんなに外側に置いて、極端な体重移動をしているのでしょうか。それは、スイングアークを大きくしたいからです。

これまで、ヘッドスピードを上げるために回転のスピードを上げる方法をいくつか伝授してきました。実は、他にもう一つだけ方法があるんです。それが、**スイングアークを大きくする**ことなんですね。自分のスイングでできる弧を、さらに大きくする余裕がまだあるなら、手先ではなく全身で大きくすることを考えましょう。ドライバーのヘッド1個分でもいいから大きくすること。そのためには、まず思い切り腕を伸ばすことを考えましょう。さらに、ドラコン王たちのようなウエイトシフトが加われば、もっとスイングアークは大きくなります。

イラスト⑥を見てください。どんなに腕を伸ばしても、通常は①が最大のスイングアークです。ところが、ドラコン王たちのように思い切りウエイトシフトすると、スイングアークは②のような横に大きな楕円になるのです。その分、ヘッドスピードは上がり、飛距離はアップします。

デパートの屋上遊園地にあるような小さな観覧車と、東京のお台場や葛西臨海公園にあるような大きな観覧車が同じスピードで回転したと仮定しましょう。大きいほうが速いのは分かりますね。それと同じことです。こうしてスイングアークを上げることで、回転軸のスピードにプラスアルファしてヘッドスピードを上げることができるというわけです。

ただし、ドラコン王のように体重移動をした場合、その分アドレスの位置に戻ってしっかりインパクトを迎える確率は低くなります。だから、球は散りやすいのが玉にキズです。だ

イラスト⑥

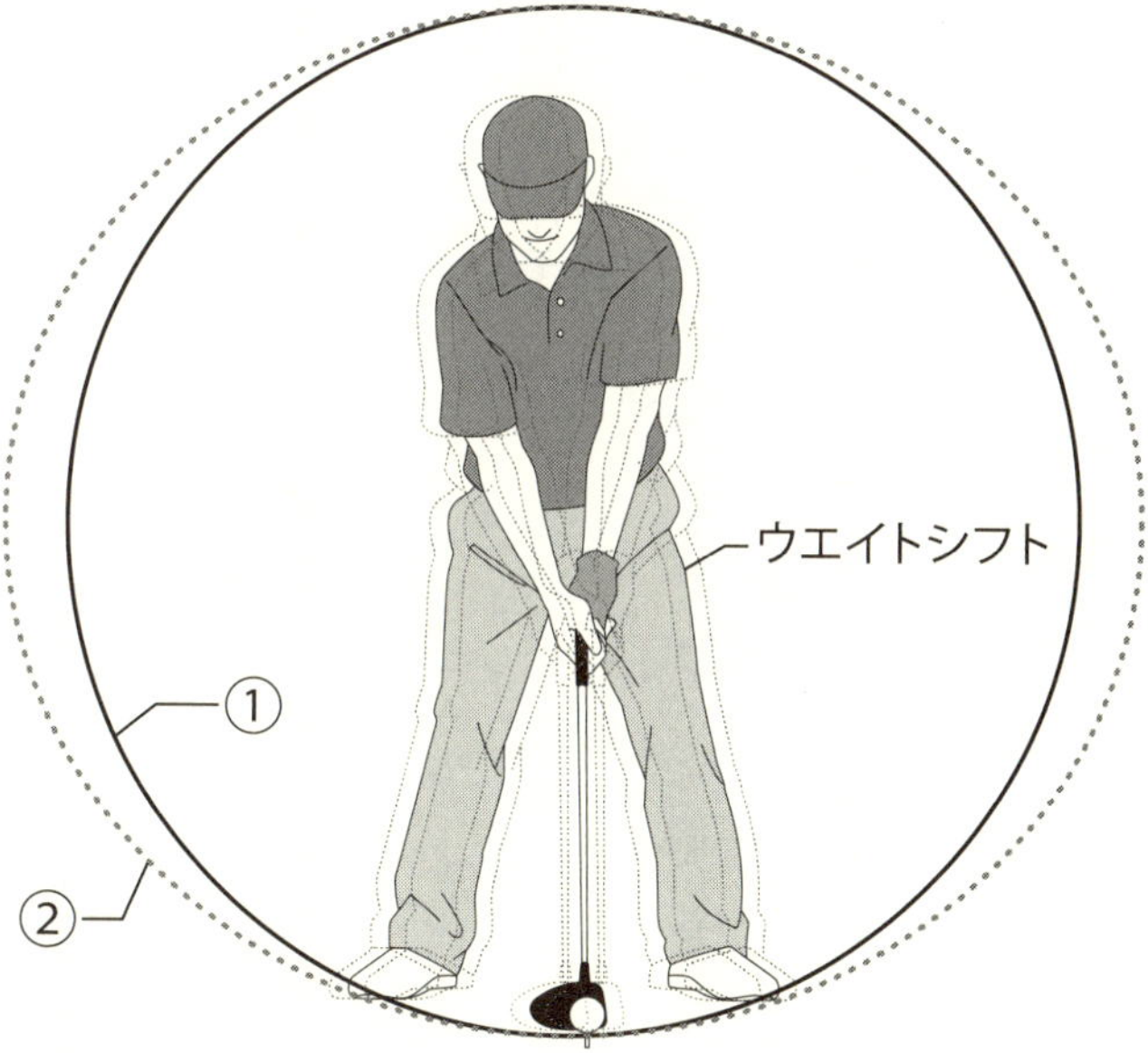

から、ドラコン王たちは飛ばしだけを追求しているんです。試合で活躍することではなく……。そのあたりは理解しておいてください。

【お約束】思い切り腕を伸ばして、全身でスイングアークを大きくする

5 腕の振りは飛ばしのキモ

次のポイントは腕の振りです。日本のゴルフレッスンでは腕の振りについてあまり触れていないものが多いのですが、実はこれ、とても大事。タケ小山が伝授する飛ばしのキモのひとつなんです。**「腕の振りは飛ばしにおけるエンジン部分にあたる」**と言い換えてもいいくらいです。

「手打ち」と勘違いされがちですが、それは全く違います。18年間、米国フロリダで修業した頃のタケ小山の先生は、リナ・リッツン。有名なリッツンファミリーの一員で、スイングコーチとしてＰＧＡトップ１００にも選ばれています。御主人のフィル・リッツンもよく知られたスイングコーチで、ＰＧＡツアーのプロも見ています。その、リナの教えが「タケ。腕を振りなさい」というものでした(63ページ・コラム②参照)。

ずっとお話ししてきている捻転における身体の各部位の時差。腕やクラブヘッドは、肩よりはるかに遠いところまで行って、ボールがクラブから離れる瞬間（インパクト）では、肩を追い越して、またはるか遠くまで行ってフィニッシュを迎えます。そうです。回転において、肩を含めた身体の左サイドを腕やクラブヘッドが追い抜いていく瞬間がインパクトとなるのが理想なんです。だから、腕を早く振らないでそのままスイングすると、ほとんどの人は振り遅れてしまうか、ドアスイングのようになって先に戻ってきてしまうことになります。

野球のピッチャーを思い浮かべてみてください。ボールをリリースする（手を離れる）瞬間が、ゴルフのインパクト。そうイメージすると分かりやすいのではないですか。よく、野球のテレビ中継で「ピッチャーの○○は、今日はよく腕が振れていますね」などというのを耳にしませんか？　それと同じです。ボールがクラブヘッドから剥がされるように離れていく瞬間。リナが私によくいっていたのが「タケ、左腕と左太ももが太いひもで結ばれている状況を思い浮かべて」というものでした。

船の碇のようなアンカーポジションは腰でとり、腕でイニシエイト（initiate ＝始動する）するんです。「手打ち」との違いは、身体はしっかり捻転しているということになります。さきほどもいいましたが、まさにでんでん太鼓の紐と玉なんです。身体がほどけて来る順番からいえば、ヒザと腰が先に戻るのは当たり前ですが、それ以上に腕を早く振って戻って来ないと振り遅れてしまいます。だから、腕を振れば振るほど、ヘッドスピードを上げることができるんです。これ、飛ばしのキモですよ！

【お約束】腕は振り遅れないようになるべく早く振る

6 フットワークを使ってヘッドスピードをさらに上げる

身体の回転を上げる方法として**フットワークを使う**ことも考えられます。第二の心臓と呼ばれ、血管のポンプの役割を果たすふくらはぎの大切さは、今更お話しするまでもありませんね。野球をはじめとする他のスポーツでも、走ってここを鍛える方法は昔から大事にされてきています。

日本シニアツアーの鉄人、室田《むろた》淳《きよし》選手は、日頃、トレーニングをあまりしませんが、オフシーズンには必ず走り込みをしています。最近の若手プロはハードなトレーニングをするのが当たり前になってきていますが、昔のプロは朝夕、9ホールずつゴルフ場の中を走り込んだものです。

日本屈指の飛ばし屋として長い間君臨してきたジャンボ尾崎選手は、甲子園の優勝投手（1964年春の選抜高等学校野球大会）。その後、プロ野球選手として西鉄ライオンズ在籍の経験もあり、野球選手時代に走り込んだ足腰が、ゴルフで効力を発揮したのです。プロゴルファーになってから、オフシーズンのキャンプで、若手でも悲鳴をあげる走り込みをしたことでも知られています。

ではなぜ、飛ばしに足腰の強さが必要なのか。飛ばすためには右脚の蹴りが必要になるからです。もう少し詳しくいえば、ダウンスイングの途中でクラブが地面と平行になる位置

（スロットポジション）から、一気に右腰から脚にかけての部分を押し込んでいく動き。これが大切なのです。

よく「腰を切れ」という言い方で、腰の回転の大切さがいわれますが、腰が回転するためには、まず左脚から腰を右後方に引っ張る動きをし、トップ・オブ・スイングからは逆に左後方に回していく。このとき、右からも押し込む動きがほしいのです。これがフットワークです。

ただし、右脚の蹴りだけが早いとスライスしますから要注意です。前項でお話ししたように、トップからダウンスイングに入り、左側が回り始めた時点で、必ず腕も一緒に加速してこないといけません。そして、最後にフットワークを使って右脚を押し込むことで「ブーン！」と思い切り振ることができるのです。最後は右太ももが左太ももに向かってぶつかるくらいに加速してくださいね。こうすることで、ヘッドスピードを上げることができます。

フットワークをもっと使えるようにするためには、しっかりした下半身が必要です。日頃から、疲れない下半身を作っておいてくださいね。18ホールの最後のほうになると、ダフりやテンプラが多くなるのは、下半身が1ラウンド持ちこたえられなかったことの証しです。

約4時間、7～8㎞の距離を歩いたくらいでふらつくようでは、飛ばしどころではありませんからね。

【お約束】ダウンスイングのスロットポジション以降、右腰から脚にかけての部分を押し込んでいく

7 タメをつくる

次のキーワードは、ワッグルです。ワッグルというと、アドレスから始動するときの動きをイメージしがちですが、それではありません。英語でいう**ワッグルは、トップ・オブ・スイングで左手親指付け根側にグリップ（クラブの重み）を乗せる動きのこと**をいいます。これが大きければ大きいほど、タメが深くなります。ここから切り替えして、インパクトで自然にほどけるのが理想の動きです。タメは自分でつくる動き出しであり、自然にほどけるものです。決して無理にほどいてはいけません。え？ ほどけない？ それはインパクトのとき、いわゆる左側のカベができていないからです。カベさえできていれば、自然にそこでほどけるものなんです。

「腕を振る」という飛ばしのキモを実践しようとしたとき、インパクトの前にクラブヘッドが地面に落ちてしまう人（極端にダフる人）や、超スライスになってしまう人は、無理にワッグル（タメ）をほどいてしまっていませんか？

フライパンを返すような動きを無理にしなくても、左側のカベを意識してつくることで、自然にタメはほどけてきます。これができれば、もっと腕を振ることができ、ヘッドスピードを上げることができるのです。

【お約束】ワッグルを大きくしてタメをつくる

8 左サイドのカベで爆発させる

前項で出てきた**左側のカベ**が、次のキーワードになります。「カベってよくいうけど一体何のことだろう？ 何となくしか分かっていないよ」という方。安心してください。タケ小山が分かりやすくご説明いたします。簡単にいうと「バックスイングでバラバラにした各部分が、一気に揃ったもの」が、左のカベなんです。

目標に対して90度（アドレスの位置）で一度きれいに揃ってインパクトを迎える。そこで爆発だ!! というわけです。最近の若手プロたちは、ここで回転する動きではなく、ジャンプアップする動きをする傾向にあります。それは、スキーのジャンプ競技で、飛び出しの瞬間に前方ではなく、少しでも上に飛ぼうとするのと同じようなことで、もちろん意味がある動きです。ただ、アマチュアゴルファーのみなさんには難しい。だから、カベを意識することで爆発する努力をしてください。

本書は、飛ばしのお約束。曲げないためのレッスンではありません。球を曲げたくないのなら、インパクト後に100％の力が出せるスイングをすればいい。でも、球を飛ばしたいなら、インパクトで100%になるスイングを目指すのがセオリーといえます。「スイングの中にインパクトがある」という言葉がよく使われますが、飛ばしを目指すあなたは、この言葉、忘れてください。ヘッドスピードがマックスに達したときにインパクトがくることを意識するのです。時差があった身体がすべてそろってインパクトを迎える。こうして爆発すれば、ヘッドスピードを上げることができるというわけです。

【お約束】ヘッドスピードがマックスのときにインパクトせよ

9 飛ばしのグリップ

今度は飛ばすための「グリップ」についてもお話ししましょう。まず、グリップそのものは、飛ばしだけを考えたら細めのものを選びましょう。コントロール重視の人は太めグリップ。なぜなら、細いグリップのほうがフェースの返しがしやすい、つまりスナップが効きやすいからです。その分、インパクトで打ち負けてしまうとぶれやすいから安定度は低い。

これは、野球のバットと同じ原理です。868本という本塁打数世界記録を持つ王貞治《おうさだはる》さんのようなバッターは、細いグリップエンドのバットを使っています。これに対し、かつての巨人軍V9戦士、土井正三《どいしょうぞう》さん（故人）や、現在米メジャーリーグ（MLB）シアトルマリナーズで活躍する青木宣親《あおきのりちか》選手のように安定して安打を打っていくタイプは、太いグリップエンドのバットを選んでいます。やはり手の中でグリップが動くか安定するかの違いなんですね。

もうひとつ、グリップそのものではなく握る強さ（グリッププレッシャー）に関しても、同様のことがいえます。脱力して緩めに握ったほうが、フェースの返しが効きやすいから飛距離は出しやすい。逆に曲げたくない人は強めに握ります。パンチショットやスリークオーターショットを打つとき抑える動きになりますよね。それと同じことです。

飛ばしたいなら細めグリップでゆるゆる握り。よく覚えておきましょう。

【お約束】細めのグリップで緩めに握って飛ばす

10 フルスピードでインパクトからフィニッシュまで

お次のポイントは**インパクト**。飛ばしのクライマックスです。第2章8項でもお話ししたように、ここでパワーをマックスに爆発させることを意識してスイングをつくります。スルーザボールで（ボールのところを通して）スイングし、フィニッシュを迎える。この過程を、加速したまま一気に突き進むと思ってくれればいいですね。

よくだらしないフィニッシュでクラブを振っている人を見かけます。あなたはどうですか？　胸に手を当てて、自分のスイングを思い出してください。カッコ悪いし、第一、それでは飛ばないでしょう？　インパクト時をマックスのスピードで迎えることを考えれば、減速しながらフォロースルーには入らないはずです。もちろん、やがてその勢いは衰えてスイングスピードが落ちてフィニッシュを迎えるのですが、イメージとしては加速してマックスのスピードでインパクトを迎えたら、それをキープしたままフィニッシュまで振り抜く。それでいいのです。

もっと極端なことをいえば、インパクトで激突した左のカベをさらに突き抜けてフィニッシュまでマックスのスピードで突っ走る。そんな感じかな。それだけの意識でクラブを振ることができるようになれば、ヘッドスピードを上げることができます。

【お約束】フィニッシュまでマックスで振る

コラム　タケの独り言②

恩師リナ・リッツンの教え――腕を振れ！

飛ばしのために、持ち球のフェードから180度違うドローボールへ変更を決意したのが25歳のとき。当時、日本を代表する選手といえば、青木さん、尾崎さん、中嶋さんの〝AON〟。4大メジャーで戦いを終え帰ってくると、彼らが必ず口にしていた言葉は「ハイ&ドロー」。その意味は高い球でドローボール。今でこそ、レッスンプロやコーチがこぞって口にする「高い打ち出し角度&低スピン」だが、タケは30年も前にこの言葉を、米国での私のスイングコーチであるリナ・リッツンから聞いた。

高い打ち出し角度で打ち出されるボールは、最高点に差し掛かるちょっと手前、ボールの推進力とボールスピードが落ち始めると左へ軽く曲がり始める、そして着弾と共に転がる、これがドローボールだ。高い弾道とドローボールはひとつのパッケージとイメージして頂きたい。レッスンを受ける前までの私のスイングはアウトサイドインの軌道で、低い打ち出し角度で大きなスライス回転。キャリーは殆どなく、転がらないのだ。

最初のレッスン時にリナからいわれたのは、〝今のスイングを完全に反対の動きで振ってもらいます〟だった。そりゃそうだ、持ち球のフェードから全く反対のドローに変えるのだから納得だ。スイングパス（スイング軌道）をアウトサイドインからインサイドアウトに変えることで、ボールへ与える回転を変えるだけだと思っていたら大違い。驚きのレッスンが待っていたのだ。

すべてが違うこのレッスンは、自分の弟子たちと、本書を読んでくれたみなさんにだけ伝授する。キモはこれ！「腕はエンジン、腰はハンドル」だ。ちょっと待って！日本では「腕はハンドル、腰はエンジン」で教えを受けていなかったか？みなさんも腰を回して、左の腰でスイングをリードしてとコーチにいわれていませんか？それは日本のゴルフコースの特徴でOBが多く、狭いため、飛距離よりもコントロールを求めるコースが多いことに由来する。賞金を稼ぐプロたちが、安全でコントロールしやすいフェードを打つ選手が多いことで、手本となるスイングが、腰を切ってアウトサイドからの軌道とクラブヘッドが上からの急激な入射角によってダウンブローという言葉まで生み出してしまった結果なのだ。よって日本では「腕がハンドル、腰がエンジン」が本流になった。

逆にするとどうだろうか？　ダウンスイングの切り返しで腰を切って回すよりも、下半身のフットワークと腕の振りを強調すると、あら不思議！　インサイドからクラブが入り、クラブヘッドも緩やかな入射角になり、球の高さもロフト通りの打ち出し角になるのが実感できるはずだ。飛ばしたいなら「腕がエンジン、腰はハンドル」を試したらいい。身体の向きをあまり変えずに、腕を振る。振り遅れることなく腕を思い切り振ったらいい。我が師匠リナがいつも口にしていた言葉は、〝Bring your arm!!〟（ブリング・ユア・アーム）。直訳すれば〝腕を持ってこい！〟　そう、飛ばしたいなら「腕を振れ!!」だ。

第3章

飛ばしのお約束〈2〉

1 スイング軌道と飛ばしのメカニズム

ヘッドスピードを上げる方法が分かったら、次のステップに突入です。スイング軌道と安定性についてお話ししましょう。

みなさんのスイング、もう一度チェックしてみてください。フィニッシュがきれいにとれていますか？　とれている人はバランスがいいスイングができています。ショットが安定しているんじゃないでしょうか？　逆に、フィニッシュがきちんととれていない人、言い換えればインパクトでスイングが終わってしまっているような人は、点で打つようなイメージになってしまっています。時差を持ってバラバラに動いていたつま先、ヒザ、腰、肩、腕（クラブ）が、フィニッシュで揃うように意識するとバランスがよくなるはずです。やってみてください。

もう少し解説します。最初はスイングパス（スイングが抜けていくところ）と、スピン量と打ち出し角についてです。読者の大半の方のスイング軌道はアウトサイドインになっていると思います。理由は、第2章で順にお話ししてきたことをすべて整理すると分かるはずです。つま先、ヒザ、腰、肩、腕（クラブ）がそれぞれ時差をもって動くのがスイングですが、それでも、バックスイングをしたとき、スイングという円運動の中で、一度たりとも飛行線の外側にヘッドはきていないはずです。アドレスからイメージしてください。ヘッドはどこにありますか？　常に身体から一番遠いのがクラブヘッドですよね。そこがボールにあたるわけです。それに対する円運動がスイングというわけです。時計盤をイメージすると分かりやすいですかね。クラブヘッド（ボール）は時計の針の先にあたります。これが文字にあたる飛行線の外側（身体から離れた側）に出ることはあり得ないでしょう？　だってグリップは常に一番中心に近い針の位置で、ボールの位置は時計の6時の文字の場所。外側に出たらそこに戻ってこないわけだから、あり得ない。

だから、**クラブ軌道はインサイドインが正しいパス（通り道）**なんです。インサイドからきて最下点でボールに当たる。ボールに最大の力が加わるためには、クラブがインサイドから入ってくるべきなんです。

ここで覚えておいてほしいのは、インサイドから来たクラブがインパクトを迎えたときに、フェースが閉じていれば実際のロフトよりも少ない角度でボールに当たることになるということです。当然、スピン量は減ります。**ボールがあるべき高さで空中に上がるためには、必ずバックスピンが必要**です。これがなければ高さは出ません。揚力を生むには適切なスピン量が必要なんです。**クラブフェースが閉じてインパクトを迎えてしまうと、スピン量が減ってボールが上がらない。逆にフェースが開いていれば、縦回転のスピン量は増えることになる。ボールは高く上がりますが、今度は距離が出ない**というわけです（グラフ⑦）。

フェースを返すという動きは、ヘッドを走らせるという動きでもあることを覚えておいてください。長い間、アマチュアの人を見てきた私の経験からいえば、球の高さが出なくなって飛距離の落ちる人が非常に多く見受けられます。ヘッドスピードが下がったら、その分、入射角を低いところから高いところに抜くイメージ、つまりアッパーブローで打ってみてください。これは悪くない対処法ですよ。

また、インサイドからきたスイングパス（軌道）で、シャットフェースのままインパクトすると球は上がらない。左軸で回転してしまうことになり、俗にいうチーピン（ダックフック）が出てしまうのです。

もっとタチが悪いのは、インサイドから入ってきたのにフェースが開いてしまうケース。

グラフ⑦

ドライバーショットの飛距離とバックスピン量の関係

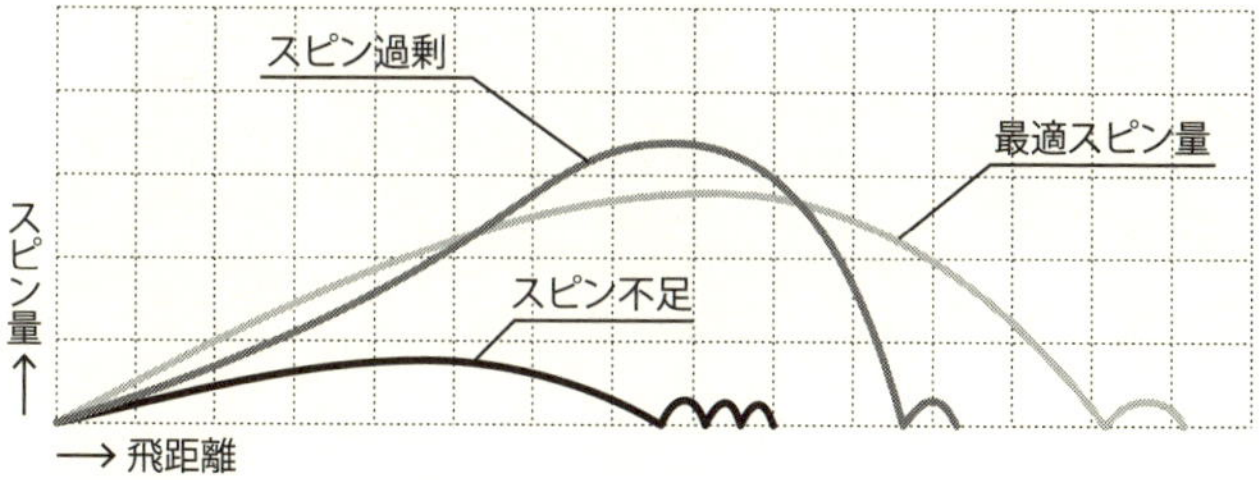

Titleist
Titleist

写真⑧ ダガードリル

スピン量は増えているのですが、弾道はプッシュ系スライスになってしまってボールがつかまらない。これは、クラブがリリースできていないから起こる事態です。第2章8で出てきたように、左サイドのカベを意識してリリースできるようにしてください。

アウトサイドからクラブが入ってきてしまう人についても検証してみましょう。手打ちになっていませんか？　ダウンスイングのときにも、最初の時差のまま、身体が回転しているんだと思います。オーバー・ザ・トップ（トップから切り替えしてダウンスイング）から、時差は徐々に詰まっていき、腕（クラブ）が身体を追い越していく瞬間がインパクト。こうするためには、時差が変わらないままではうまくいきません。

こういう人の対処法としては、アドレスで構えた形そのままに、身体をねじってみてください。横ぶりするイメージといえば分かりやすいでしょうか。前傾姿勢の角度が、アドレスより立つようにすると、クラブが外から入りやすくなってしまいます。トップの位置より少しでもクラブが高いところに行って振り下ろすと、クラブが外から入ってきてしまいます。注意してくださいね。

ダガードリル（ダガー＝突き刺すという意味）というクラブをインサイドから入れるため

のドリルがあります。これを試してみるのもいいかもしれません。グリップエンドを、地面に突き刺すイメージですね（写真⑧）。

とにかく、アウトサイドインのスイングだと、打ち出し角が低くなりやすい。ボールがつぶれる感じになってしまう。インサイドから入れれば、打ち出し角度は高くなる。これを覚えておいて、自分のスイングを再チェックしてみましょう。弾道がガラリと変わりますよ。

【お約束】ボールに最大の力を加えるには、インサイドインで打つ

2　スイングの最下点でボールをとらえる

ゴルフバッグには14本までクラブを入れることができます。そのすべてを同じスイングで振るのが理想だといわれていますが、それは安定性を求める場合。あくまでも飛ばしを求めるみなさんの場合はちょっと違います。

飛ばしに大事なのはスイングの最下点でインパクトを迎えること。ドライバーは特にそうです。

ボールを前方に飛ばすためには、ボールを上に上げる力が必要です。物理学的には、45度のランチアングル（打ち出し角度）が一番効率よく遠くにボールを飛ばせるといわれています。ヘッドスピードが同じなら初速も同じですが、その場合、ランチアングルが10度の低い球より、45度の高さがある球のほうが遠くへ飛ぶのです。つまり、ランチアングルは極力、大きいほうがいいというわけです。

では、どうするか。できる限りアッパーブロー気味に打ったほうがいいのです。ロフト12度のドライバーだと、球が高く上がる揚力は得られますが、推進力は出ません。だから、**飛ばしたい人はロフトがより少ないクラブを選択する**んです。でも、ロフトが少ないと揚力が得にくい。ではどうするか。ランチアングルを意識して常にスイングの最下点でボールをとらえるようにする。要するに、ドライバーはアッパーブローに打つべきだというのが結論です。

申し訳ありませんが、今回の〝飛ばしのお約束〟では、ダウンブローについては一切、無視してください。ダウンブローが頭にあると、余計な動きをしてしまうので、ぜひ忘れてください。〝飛ばしのお約束〟ではダウンブロー使用禁止を申し渡します。

【お約束】ドライバーはアッパーブローで打つ

3 加速し続けるダウンスイングを身につける

改めて自分のスイングをよく見返してください。特に、バックスイングのスピードとダウンスイングのスピードを比べてみてほしいのです。どちらが速く振れていますか？　クラブヘッドを加速させる正しいスイングのためには、次の不等式Aが正解ですよ。

○　A　バックスイングのスピード　＜　ダウンスイングのスピード

×　B　バックスイングのスピード　≧　ダウンスピードのスピード

普段通りにクラブを振ってみて、不等式Bになっていたら、それは間違いです。

なぜ、こんな間違いが起こってしまうのか。ありがちなのは、飛ばそうとするあまり、始動からダッシュし過ぎてしまい、その反動でトップ・オブ・スイングで力尽きてしまうケース。大事な本番はそこではなくてインパクトです！　ご注意ください。

そういう人は、切り返しでタメをつくるようにしてみてください。タメというのは、トップ・オブ・スイングで上がっていったクラブが戻ってくるときの切り返しでできた時差のこと。レイトヒットという言い方もしますね。実は、スイング中にこの動きが入っていないと、あなたの潜在能力が生かされず、飛距離が十分に出なくなってしまいます。ぜひ、タメを意識して振ってください。

飛ばし屋の共通点としてあげられるのが、スイングが不等式Aになっていること。バックスイングからトップ・オブ・スイングで切り返し、バックスイングに入ってからはずっと、加速しているという点です。最もスイングスピードが速い状態でインパクトを迎えればいいと思いがちですが、そのスイング意識だと、インパクト時には減速してしまいます。だから、インパクト後、フォロースルーになっても加速が続く状態が理想なのです。これをアクセルレートと呼びます。

よく「テンポよく振れ」などというレッスンを聞きますが、今回〝飛ばしのお約束〟では、これは無視してください。フィニッシュも意識しなくていいです。まず、身体が壊れてもいいですから、ダウンスイングに入ってからは加速し続けるスイングを身につけましょう。思い切ってやっちゃってください。

【お約束】ダウンスイングでどんどん加速せよ

飛ばし屋には2つのスイングタイプがあります。コラムでも詳しくお話ししていますが、スイングタイプAは〝腕とタメで飛ばす〟タイプ。代表的なのが、1983年のハワイアンオープン優勝者で、現在、日本ゴルフツアー機構（JGTO）会長の青木功選手や、2016年全米オープン王者のダスティン・ジョンソン選手です。〝ラストスパート型スイング〟と言い換えてもいいでしょう。イラスト⑨を見ていただくと分かりやすいと思いますが、トップ・オブ・スイングで十分にタメたスイングを、ハーフウエーダウンまでさらに力をため、最後に思い切り腕を振って一気にトップスピードで振り抜くタイプです。比較的ダウンブローになりやすいのが特徴です。

一方のスイングタイプBは、〝身体の回転タイプ〟。代表的なのが、世界ランクNo・1にもなったジェイソン・デイ選手や尾崎将司選手です。こちらは、バックスイングで十分にねじった身体を、ダウンスイングが始まると同時に一気に解放。ビュン！ と加速しながら振り抜く〝一気にダッシュ型〟といえるでしょう。

自分がどちらのタイプになるのかを知ることが飛ばしへの大事な一歩です。自分のスイングをよく分析してください。判断基準となるのは、クラブを上げていくときの手首やヒジの上がり具合、肩の捻転度（身体のねじれ具合）です。この捻転が大きい人は、タメがつくりやすく、タイプAになりやすい。一方、コッキングの角度が浅く、シャフトが立っている人は捻転が少ないタイプBになりやすい。倉本昌弘《くらもとまさひろ》選手などもこのタイプですね。自分のスイング動画を撮ってみて、プロのそれと比較すれば分かりやすいかもしれません。でも繰り返すようですが、どちらのタイプも加速しながらインパクトを迎える（アクセルレート）ことを忘れてはいけません。

イラスト⑨

スイングタイプA〈ラストスパート型〉

※速度は一例です

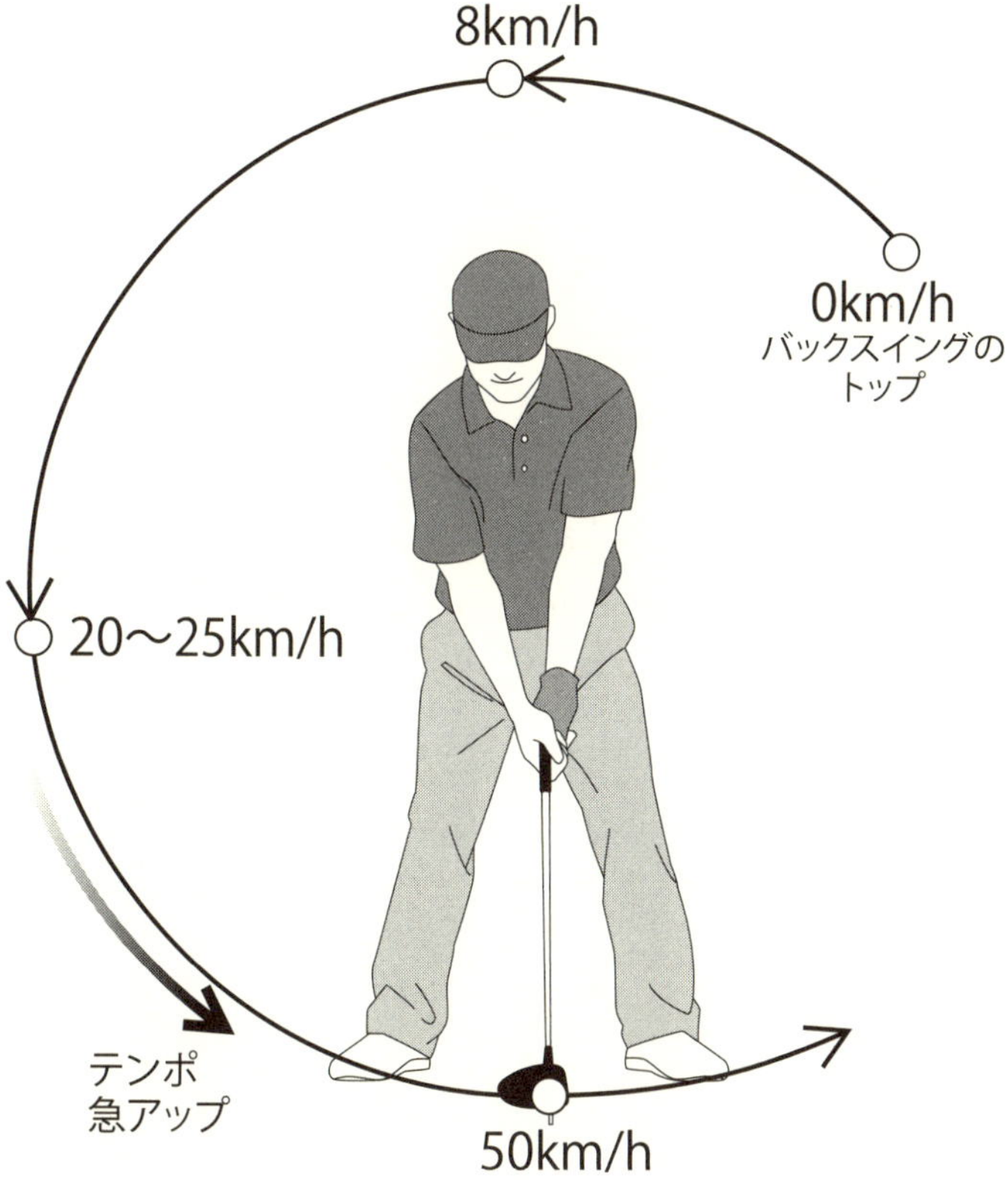

スイングの弧についても少し考えてみましょう。クラブをたたむ動き（コック）をすると、弧は小さくなります。これをしないで振る（アンコック）ということは、身体からできるだけ遠くにヘッドを通そうという動きです。だから弧は大きくなる。分かりにくいようなら、ドライバーショットをするときのティーアップの高さをチェックしましょう。基準となる高さはだいたい、ドライバーのクラウンにボールの真ん中がくるティーアップ（イラスト⑩）。これより低めならタイプA、高めならタイプBになるでしょう。

例えば私なら、打ち下ろしのようなホールでライナー性のあたりで飛ばしたいときには低いティーアップでタメをつくってタイプAのスイングをし、ボールを上げたいときには高くティーアップしてタイプBのスイングをします。しつこいようですが、どちらも加速しながらインパクトですよ～！　このあたりを理解して振ることが、飛ばしの大きなポイントになります。

スイングタイプAで加速させるには、トップでタメをつくったらこれをほどくことを意識せず振り抜くこと。クラブのシャフトと腕でつくる手首の角度を変えないまま振り抜くようにしてください。自分ではほどかないつもりでも、スイングの中で、必ず左腕を右腕が追い

イラスト⑩

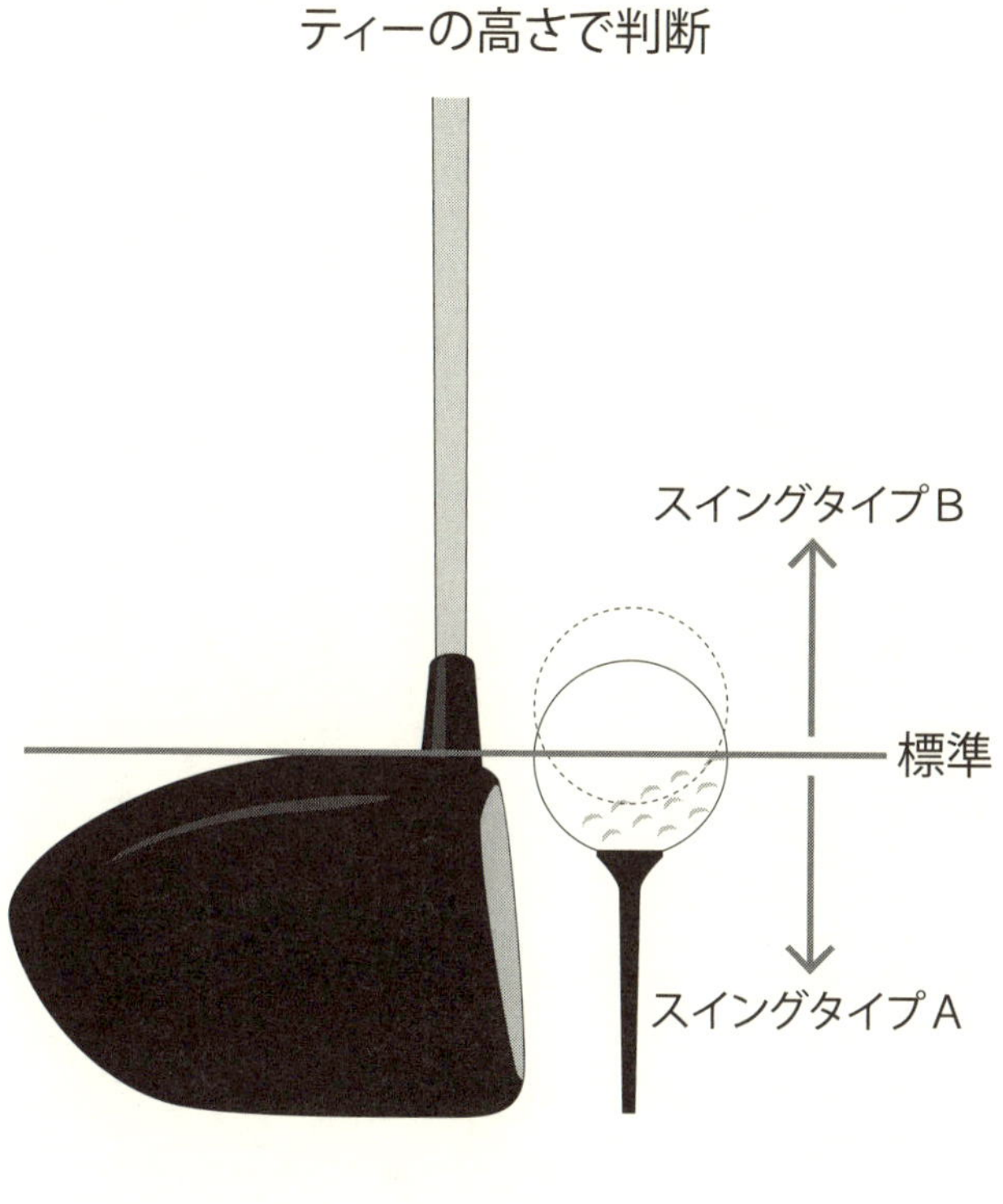

抜いていくことになります。だから、自然に手首は返ってしまう。つまりタメはほどけるんです。これを無理にしないで自然に任せることで、ギリギリまで我慢する。するとレイトヒットになって、加速度がさらに上がる可能性があるのです。

バックスイングの弧より、ダウンスイングの弧のほうが小さくなる感じ。つまり近道をしてインパクトを迎えるイメージを持つと、速く振りやすいはずです。ハンマーで釘を打つイメージを思い描いてください。そのまま真っ直ぐ下に振り下ろすより、腕が身体に巻きつくようなイメージで振るとスピードが出て、力が入るでしょう? 前にも出てきましたが、でんでん太鼓の紐でもいいし、新体操のリボンでもいいです。身体の近いところを通ると加速する感じです。

スイングタイプBの人がヘッドをより加速させるためには、スイングの弧をできる限り大きくする必要があります。そのためには、バックスイングのとき、なるべくクラブを身体から遠くへ放り出すようにすること。グリップを遠くに離して打ちましょう。それだけでヘッドスピードは上がるはずです。さきほども出てきた大きい観覧車と小さい観覧車の比較を思い出してください。真ん中が同じスピードで回っていたら、カゴの部分は大きいほうが早く回っているでしょう。その理屈です。

もう少し詳しくいうと、アドレス状態を正面から見たときに時計の文字盤を重ね、6時の位置から始動。シャフトが9時の位置にくるまでヒジは曲げないように頑張ってみましょう。これができれば弧はマックスになるはずです。軸の回転は同じでも、より大きい弧を描ければ、その先部分（ヘッド）は早く動くというわけです。

練習するとき、バックスイングを「上げる」のではなく、「低く長く引いていく」ような意識で振ってみましょう。アドレス時の真後ろ30㎝のところに、ボールの入っていたかごを置き、それを押すようにしながらバックスイングを上げるのも、より分かりやすいドリルになります。

【お約束】自分のスイングタイプを知ることが、飛ばしには重要

4 スイングバランスと安定度を知る

今度は、スイングバランスと安定度ということについて考えてみましょう。前項でこういったのを覚えていますか？「身体が壊れてもいい。フィニッシュも意識せず、加速して振れ」と。その掟、実践してくれていますか？ちゃんと私のいうことを聞いてくれている人はこういっていませんか？「タケさん、確かに飛ぶようになったよ。なったけど、曲がるんだよ！」と。

それでいいのです。フィニッシュなんてきちんとれておらず、マン振りした後、バランスを崩していれば、当然曲がります。でも、それが前項の課題。それができた人だけ、本項を読み進んでください。いうことを聞かず、バランスのいいスイングなんかしていた人は、できるまでお預け！

なぜこんなことをいうのでしょう。とにかく**最初にリミッターをつけずに、最大限の加速というものを身をもって知ってほしいからです。バランスを取るのは、それを感じられるようになってから。**この順番を間違えると、自分で自分にリミッターをつけてしまうようになってしまいます。これでは飛ばしなど追求できません。だから、（制限速度のない区間がある高速道路として有名な）ドイツのアウトバーンをぶっ飛ばすように、アクセル全開で飛ばした人だけ次のステップに進むことを許可します。

飛距離は出るけど、当たったり当たらなかったり、ブン曲がってしまった人、安心してください。次に覚えてほしいことは、自分の身体を自分で受け止められるマックスのスピードを見つけることです。つまり、フィニッシュがとれるギリギリのスピードということですね。これができるようになれば、ミート率は上がり、最大限の飛ばしを得られるのです。

繰り返しておきますが、最初からフィニッシュなんかとってリミッターをつけちゃダメダメ！　それでは、思い切り飛び出すことはできません。シャンクしても、芯に当たらなくてもいいんです。自分にタガをはめず、マン振りすることを一度やってみて身体で覚えてからギリギリのマックススピードを知るのです。私も最近、思いっ切り振っていますよ。だからヘッドスピード50㎞／hも飛距離も維持できているんです。ハードボイルドに行こうぜ！

私が免許を取れるようになった最初の頃の原チャリ（原動機付自転車）には、リミッターなんてついていませんでした。だからアクセル全開にすると結構スピードが出たもんです。

やがてそれが危険だということになり、リミッターがついたときの寂しい感じは今でも覚えています。もちろん、リミッターがついたほうが安全ですけど、本当はそのバイクがどれだけスピードを出せるのかということは、リミッターがついてからしか知らない人には分からない。無茶をした私世代までだけが知っているんです。ゴルフだって同じこと。まずは自分の限界を知る。限界は広げることもできますからね。最初からリミッターがついていてはそうはいきません。

というわけで、飛ばしを求めるあなたが優先して考えるべきなのは、バランスと安定度ではありません。最もプライオリティーが高いのは飛ばすためのマン振り。これでぶっ壊れないためにバランスと安定を考える。ゆめゆめ、順番をまちがえないように！

【お約束】まず、自分のスイングのマックススピードを知ること

5 飛ばしには重いヘッドを使え

クラブの重さについても考えてみましょう。

クラブに重さの制限はないので、物理的には重いヘッドのものほど推進力は出ます。ハンマー投げをイメージしてください。極論をいえば、**すごく重いヘッドにすごく軽いシャフトのクラブが最も飛ぶ**ということになります。

けれども、当たり前の話ですが、クラブが重くなると今度は振るのが大変になってしまいます。だから、自分の体力で振り切れる一番重いクラブを選ぶのが飛ばしの秘訣です。

ゴルフボールの重さは45g。もしも、これより軽いヘッドのクラブで打ったら、ヘッドが壊れてしまったり、エネルギーが分散されてしまいますね。極端な話になりますが、軽いヘッドでは、インパクトで打ち負けてしまう可能性があるのです。だから飛ばすには重いヘッドを選ぶことです。

ちなみに、私のドライバーのヘッドは約205g。これに約70gのシャフトと約50gのグリップが加わって、約320gのものを振っています。みなさんも、飛ばしたいならヘッドは重めのものを、シャフト、グリップは極力軽めのものを選んでください。そうすれば、さらに飛距離はアップします。

【お約束】自分が振り切れる最も重いクラブを選ぶ

コラム タケの独り言③
飛ばしのいろいろ「青木さんとジャンボさん」

飛ばしにタイプがあるとしたら、日本ゴルフ界の双璧「青木さんと尾崎さん」を比べてみるといい。尾崎さんのニックネームは〝ジャンボ〟。それに比喩されて青木さんは〝コンコルド〟だった。大先輩の2人は、本当に世界へ出ても飛ばし屋だったのだ。ただし飛ばしのタイプが全く違うのが特徴で、青木さんは、腕とリストにできる〝タメ〟と〝腕の振り〟で飛ばすタイプだ。かたやジャンボさんは〝ボディーターン〟と〝強靭なフットワーク〟で飛ばすタイプなのだ。2人を同時に目の前で見た、世界4大ツアー対抗戦は今でも忘れない。だって世界の強豪たちの打ち出す球より凄ったですから。

まずは青木さん。バックスイングで身体の向きをほとんど変えずに、腕を上げていくと同時に、手首にできる角度であるワッグルを深く、大きな角度づけでトップまで持っていく。この時点で腕と身体には大きなねじれ、捻転が出来ており大きなパワーを蓄積しているのだ。ダウンスイングでは一気に腕が振り下ろされるが、手首についた大きな角度は不変、タメが保たれたままインパクトゾーンで一気に放たれる。まるでピッチャーの投球フォームのようだから驚く。打ち出されるボールは低く、ニックネームの超音速旅客機コンコルドが飛び上がるような弾道で急激な角度でボールが舞い上がっていくのである。その打ち出されるボールスピードは圧巻だ。

ジャンボさんは身体の回転スピードが凄い。バックスイングもしっかりと下半身、上半身がねじりあげられ、プロ野球投手として鍛え上げた下半身フットワークで上半身と腕、クラブを、もの凄いスピードでインパクトまで一気に運んでくる。体重がしっかり乗ったインパクトから打ち出されるボールは〝ズドン！〟という衝撃音と共に遥か彼方へ飛んでいってしまうのだ。その後もジャンボさんの飛ばしへの探求心は続いた。高い打ち出し角度でスピンの量を減らし、大きなキャリーと多くのランを得ようとした結果が、ジャンボさんの高くボールをティーアップする〝ハイティー〟が生まれたのだ。

青木さんは身体を回さない分、腕と手首が多く稼働する。ジャンボさんは身体が多く稼働するから手首にできる角度は深くない。クラブを振る動作には大きく分ければこの2つがあることを覚えておけばいい。自分のスイングがどちらのタイプなのか理解できれば、飛ばし

の準備は出来上がる。〝ダメ〟で飛ばすか？　〝ボディーターン〟で飛ばすか？　それはあなた次第ですぞ‼

第4章

飛距離はお金で買えるもの

1 古代クラブは門前払いです

本章ではガラリと趣向を変えて、ちょっと生臭い話をしましょう。章タイトルを見て「なんだよそれ〜⁉」と思った方「おおっ！　それいいじゃん」と飛びついた方、それぞれ性格が出ていますね。でも、すごく気持ちが動いたでしょ？　ゴルファーは煩悩の塊ですからね。

ゴルファーならテレビはもちろん雑誌、ウェブなどで展開されているクラブのCMについつい目が行きますよね。そう。「最高の飛び」「プラス〇〇ヤード」的なアレです。毎回毎回、新製品が出るたびにそんなことをいわれても「ホントかな」と疑いたくもなるってもんです。気持ちは分かる。でもね、やっぱりあの文句、嘘じゃないんです。もちろん数字の大小はありますよ。でも、技術の進歩というのはすごいもので、年々、その恩恵を受けた飛ぶクラブが発売されているのは紛れもない事実なんです。1年前のモデルと比べると目に見えた飛距離アップはないかもしれませんが、5年前のものと比べたら確実に飛ぶようになっているはずなんです。

このあたりを踏まえたうえで、あなたのゴルフバッグの中を改めてのぞいてみてください。

いつのクラブが入っていますか？　まさか15年前に上司に買わされたクラブとか、13年前に先輩にもらったおさがりとかが入っていないでしょうね？　パーシモンとか今どきのショートウッドくらいヘッドの小さいドライバーなんて使っていませんよね？　今どきは「ウッド」といってもなぜ「ウッド」なのか、知らなければ分からないくらいになっているんです。それなのに見ただけで分かる本物の「ウッド」が入っている人がいたら、いくらなんでも古すぎです。糸巻きボールに合っているクラブなんですから、今のボールにも合わないから飛びません。そんなに昔のクラブを使っている人はネアンデルタール人レベル。せめて5年以内のクラブを手に入れて、現代人になってから私の話を聞いてくださいね。さすがのタケ小山も、ネアンデルタール人相手にレッスンするのでは分が悪すぎますから。2～3モデル前のクラブなら、中古ショップでお小遣い程度で手に入りますよ。まずは行ってみましょう。

ここ20年余りのウッドの歴史を簡単にいうと、パーシモンからメタルヘッドになり、チタンヘッドを経て現在のデカヘッドになったのが10年くらい前かな。最低でもここまでは近代化してください。まずはそこからです。

2 自分に合ったクラブヘッドを見極めよう

ここから先は〝現代人〟限定です。前項でお話ししたように、基本的には新しいモデルであればあるほど飛びます。これは間違いありません。ただ、それでも自分に合わなければうまく当たらない。つまり平均飛距離は上がらない。だから新しければなんでもいいってもんでもないんです。当たり前ですね。クラブの特性を知って、自分に合うものを選んでください。

第3章でスイングタイプA、スイングタイプBという話をしたのを覚えていますか。自分に合ったクラブを選ぶとき、どちらのタイプか分かっているととても楽になります。

ドライバーのヘッド容積は460ccまでに規制されています。大きくなればなるほど、ボールに当たりやすくなり、スイートエリアも大きい。つまり易しくはなるのですが、当然のことながら空気抵抗は大きくなる。これがイヤだという人も多いですね。だから試打してみて、自分が一番振りやすいサイズのヘッドを選んでください。

曲げたくない人は、自分が大き過ぎると感じない範囲でできるだけ大きいヘッドのほうが

イラスト⑪

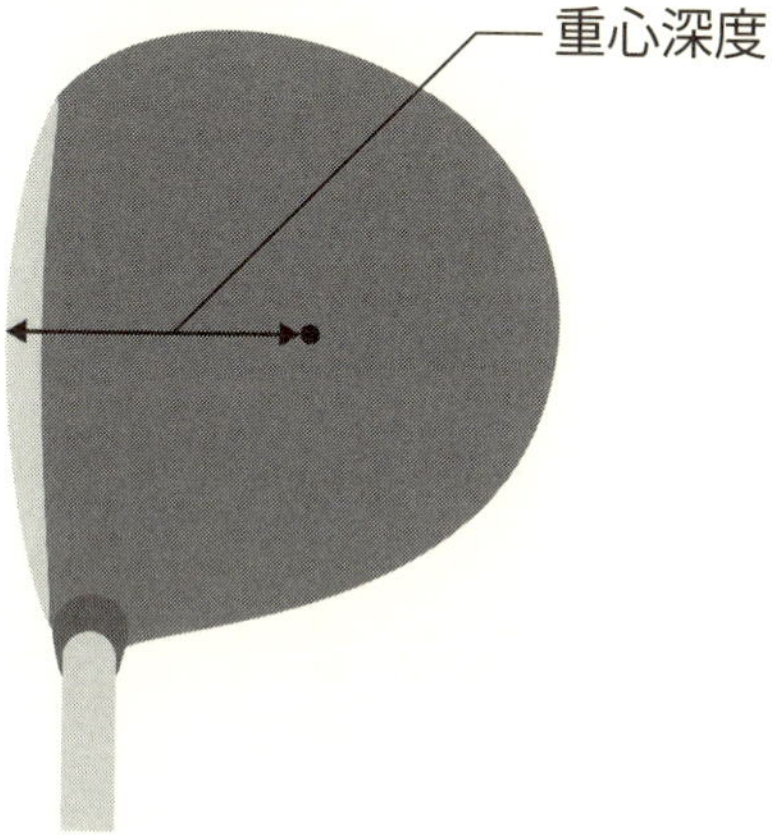

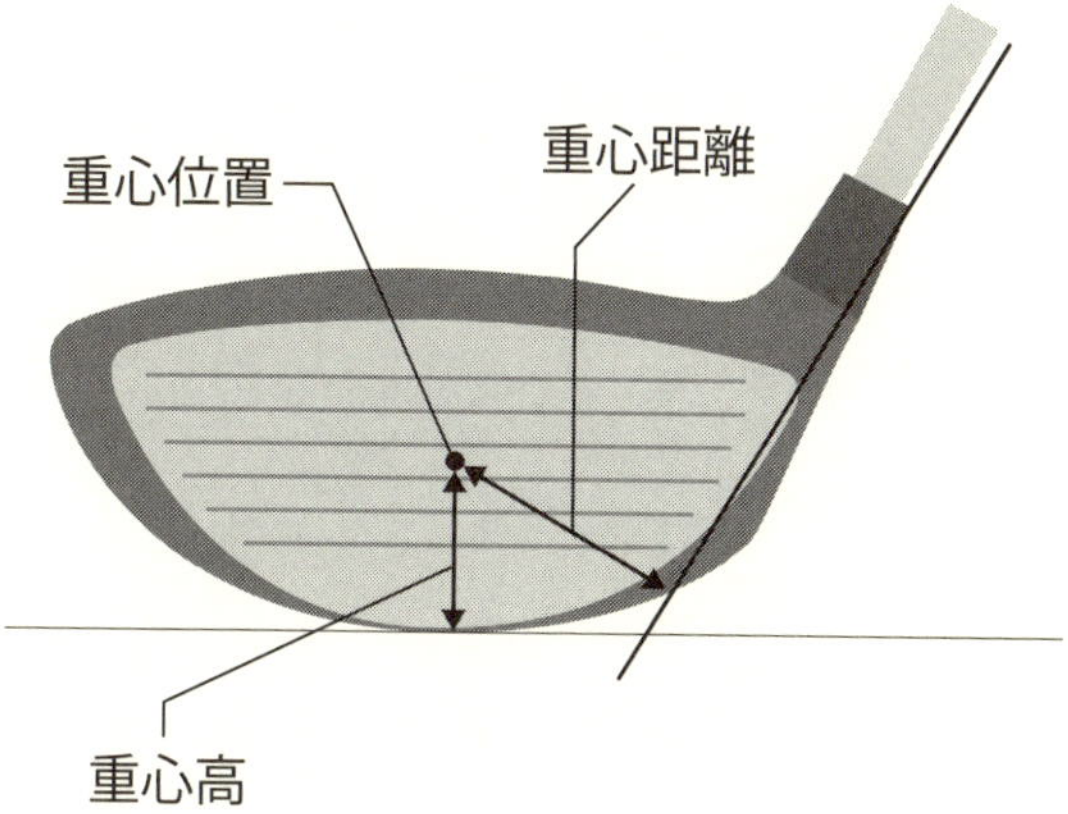

楽でしょう。飛ばしたい人は、自分が一番速く振れそうに感じるサイズと形状を選ぶことが一番大事です。箱型に近い形状をしているドライバーヘッドには重心位置、重心深度があります。さらに、重心距離、重心高もあり、それぞれによってボールの打ち出し角度は変わってくるのです（イラスト⑪）。ヘッドが小さくなると、重心距離は小さくなり、アイアンのようにフェースの開け閉めをして打てる。だからスイングタイプAのゴルファーには向いています。

一方、スイングタイプBのゴルファーは、アッパーブロー系でフェースを開け閉めしないで打つから、大きめのヘッドのものを選ぶと良いというわけです。

繰り返します。ドライバーのヘッドは大きさ、重心距離、重心深度などを踏まえて、自分に合うものを選ぶこと。ただ、スイングタイプAでも、〝タマる〟スイングの人もいればそうでない人もいる。スイングタイプBでも同様です。その部分を補うのがシャフトなのです。

3　シャフト選びも心地よいクラブ選択のための重要ファクター

まずは、手元にあるクラブをよく見てください。どんなシャフトが装着されていますか？　まさか、鉄のシャフトが入っていたりしませんよね？　そんな人はアウト！　現代人じゃないですよ。

さて、現代人のみなさん、シャフトによって重さがどの程度違うのか分かっていますか？　スティールだとシャフトだけで1本100～120g。グラファイト（カーボン）だと40～70gくらい。こんなに違うんです。

本書を読んでいる現代人のみなさん、あなたがよほど腕に覚えのある若者でなければ、スティールシャフトはお勧めしません。その理由？　当然、それは重さです。あんなに鍛えていたタイガー・ウッズでさえ、20代後半にはスティールからグラファイトシャフトに変えていました。だから、ぜひグラファイトを選んでください。

シャフトはしなるものです。これまでスイング中のタメの話を随分してきましたが、このタメを、シャフトでつくることも消すこともできるんです。シャフトによってしなる場所は違います。ここをキックポイントと呼びます（イラスト⑫）。先調子といわれるものは、先端（ヘッド側）がしなるようにできたシャフトです。ご想像通り、これはスイングの弧の一番先の部分がしなることになるため、ものすごく加速します。ヘッドが走るんです。だから飛ぶ。でもその分、アジャストが難しく、曲がりやすいんです。自分のスイングに合ったものを見つけるのは難しいですが、見つかれば飛距離は間違いなくアップします。スイングタイプAの方に向いています。

次に中調子。真ん中部分がしなるシャフトは、言葉からみなさんが描くイメージ通り、シャフト全体がしなる感覚のものです。

もうひとつ、手元調子といわれるものは、グリップに近い部分がよくしなるシャフト。これはジャンボ尾崎選手のようなスイング、つまりタイプBの人が、トップから一気に加速してくるときにしならせたくて使います。スイングBの人、そして大きいヘッドを選んだ人に向いていますね。

3種類のシャフトのうち、どれがあなたに一番合っているのか。スイングタイプによる一般的な話をしましたが、一概にそればかりともいえないのが難しい。ゴルファーそれぞれの

イラスト⑫

先調子

先端がしなって打ち出し角が高くなります。

中調子

手元調子

手元側がしなって打ち出し角が低く
抑えられた弾道となります。

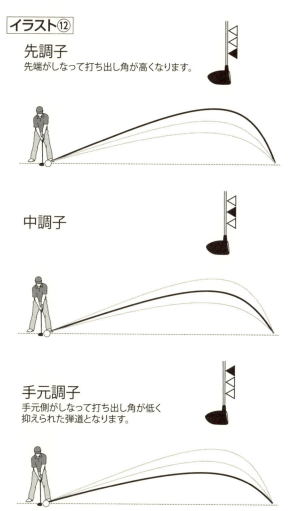

感覚も大事にしたいところです。タメの大きい人はシャフトがよりウィッピー（whippy＝しなやかな）になるから、硬めを選んだほうがいい。ただ、その感覚自体も全員が同じというわけではないので、やはりフィッターにしっかり見てもらうのがベストです。

もう少し専門的な話をしましょう。先調子、中調子、手元調子とまとめましたが、実はシャフトというのはどれも、最もヘッド側の部分が一番柔らかくつくられています。反対側、つまり手元側が一番硬くなっている。それを大前提としたうえで、硬さのバランスによって先調子、中調子、手元調子の違いが出るということですね。

その中で、心地よく（comfortably）振れるクラブを選ぶことが大事なんです。でもね、それで失敗することだってあるのです。たとえ試打しても、ショップで振るのとコースで振るのでは、実は随分違っています。プロだと練習ラウンドと試合では全く違うのですが、アマチュアのみなさんでも、ショップでのスイングはコースでの8割くらいになっているはず。練習場でも、やはりコースとは違うかな。一番良いのはコースで試打することですが、なかなかそうもいきません。だから、ショップで試して合ったものより、1ランクくらいオーバースペックのものを選ぶと大体うまくいきます。ここでいうオーバースペックというのは、硬さであったり、重さであったりが、1段階タフなものを指しています。試打スペースや練習場ではSRのシャフトがcomfotableだった人が、コースに出るとSが合うというほど極端なこともあるかもしれません。これは楽器でも、スキーの板でも同じことです。絶対にダメなのは、アンダースペックのもの。これは使い物になりません。よく覚えておいてください。

4 どうしても飛ばしたいなら、「ヘッド」と「シャフト」それぞれにこだわる

何を今さら⁉ と思うかもしれませんが、ここでクラブの選び方を改めてお教えしましょう。「クラブ」と一言で表現しましたが、ヘッドとシャフトが別々に選べるのが現在のゴルフ用品。でも、分かっているけれど、実際にはどうしたらいいか分からないという方も大勢いますね。では、どうするか。

ヘッドとシャフトは別々に選べるとはいうものの、ヘッドだけでの販売をしているわけで

はなく、通常は既製品のシャフトをつけて売られています。でも、既製品のシャフトは万人向け。万人向けということは、言い換えれば個々には合っていないということになります。だから、一番いいのは、使いたいヘッドに自分に合うシャフトをつけるということです。もちろん、お金のかかるぜいたくな方法です。少しでも安くこれをやろうと思うなら、まず使いたいヘッドのついたクラブを中古ショップで手に入れる。そしてシャフトだけは、自分に合うものを購入すればいい。ただし、シャフトも高いので覚悟してください。

とはいっても、なかなかうまくいかないものです。もう少し確実なのは、各メーカーのトップライン（一番力を入れているライン）を信用することです。メーカーによってトップラインが1つのところも3つのところもありますが、レギュラーの男性用、シニア用、レディス用にそれぞれあるトップラインは、ある程度の高い水準を保っています。その中で、自分に合うものを見つけましょう。

では、どうやって見つけるのか？　試打会に行ってみましょう。それもメーカーがやっているものではなく、練習場などで量販店やメディアなどがやっている大規模な試打会に足を運んでみるのが良い。これだと、多くのメーカーのクラブが揃っていて、すべて打てるようになっています。人気クラブは多少、順番待ちをすることになるかもしれませんが、それだけの価値はあります。ここで、自分にフィットするヘッドを探す。自分のスイングに合ったヘッド（自分のヘッドスピードが一番上がるヘッド）のクラブをみつけるのです。

自分に合ったヘッドが分かったら、次はそのメーカーの試打会に行きます。今度は、様々なシャフトが用意されているので、それを選ぶ。硬さ、トルク（ねじれ）、重さ、キックポイント（先調子なのか、中調子なのか、手元調子なのか）など、それぞれをよく試して、合うものを選びます。先に見つけたヘッドに、そのシャフトをさせば、お気に入りの1本ができあがります。

ここで振出しに戻って考えてみます。節約したいなら、中古ショップで気に入ったヘッドのものを手に入れて、自分に合ったシャフトをそれにさせばいいのですが、シャフトは高いので、それほど安く収まらず、面倒なだけということもあるので要注意。メーカーの試打会でクラブを買って、それに合ったシャフトをつけるほうがお金はかかるけど手間はかからないというわけです。とにかく気持ちよく振れるクラブを見つけてください。気持ちよく振れなければ飛ばすこともできませんからね。

一般的には、手元でフリップ（手首を使う）する人は、腕がしなっているから硬いシャフトが好きな傾向にありますが、必ずしもそれが合うとも限らないので、とにかく打ってみてください。

もちろん、既製品のシャフトがついたものでピッタリ合うものがあれば、ラッキーなことです。それぞれの試打会はネットで探せば見つかりますから、少し手間とお金をかけて、自分に合った武器を手に入れましょう。「少しでも飛距離を伸ばしたい」という人は、ぜひ。

最新モデルより2つか3つ型落ちというところがコストパフォーマンスもよく狙い目です。プロでも前のモデルがいいといってそれを使い続けている人もいるくらいですからね。

5 シャフトでつくるタメ

第2章7項で、タメについてお話しました。でも実は、飛ばしに必要なタメは、もう一つあるんです。身体ではなく、シャフトでつくるタメがそれにあたります。

シャフトでつくるタメがほどけること、つまりリリースすることで、できるだけシャフトに仕事をさせる。シャフトのしなりが戻るときの返しがもう一つのタメなのです。

シャフトがしなればしなるほど、跳ね返り、つまりタメを多くすることができます。だから、できる限り軟らかいシャフトを使えば、ヘッドスピードが遅い人でもタメが増えて飛距離を上げることができるという理屈です。

その弊害として、しなればしなるほど、ヘッドが正確に戻らなくなり、球が散るということがどうしてもついて回ります。でも、飛ぶんです。

フレックス（硬さ）でタメを作り、トルク（ねじれ）でスナップ、つまり加速を加えるというように、できる限りシャフトに仕事をさせるのがコツです。トルクといわれるねじれは、グラファイト（カーボン）シャフト特有のものです。フラットなスイングで、しなりとねじれをうまく使えば、飛距離は得られるというわけです。

もちろん、飛距離だけを求める場合の選択ですよ。飛んでも曲がらないのならそこに違う要素が入ってくることになります。でも、曲がってもいいから飛ばしたいというのなら可能性を追求してください。

6 自分が振れる最も長いシャフトを選ぶ

第2章4項でスイングアークを大きくする方法について書きましたが、シャフトの長さによってこれをさらに長くするチャンスがあります。クラブが長くなれば、自然にアークが大きくなるのは、当然ですね。

シャフトが1インチ伸びれば0・7〜1m/s程度ヘッドスピードがアップするといわれています。チャンスがあるなら、ルールで許される最大48インチのドライバーを、ぜひ試してみてください。ドラコン王たちの誰もが、長いドライバーを使っているのも、もちろんその効果を生かしたいからです。

けれども、長くなればなるほど難しくなるのはいうまでもありません。長くなればヘッドスピードが上がるという理論は、長くなっても同じスピードで振ることができるという前提に基づいた机上のものです。いつも使っているお箸と中華料理で出てくる長い菜箸で大豆をつまむシーンを想像してみてください。長い箸のほうが難しいのはすぐに分かるでしょう。それと同じです。

とはいえ、ドラコン王たちのように、長いクラブも同じように振ることができれば、飛距離は大きくアップします。小柄な杉原輝雄《すぎはらてるお》さんが、物干し竿と呼ばれるほど長いクラブを使っていたのは有名な話です。その杉原さんでさえ、限界がありました。試合に出ていたのですから、曲がっては本末転倒、当然のことです。結局、自分が振ることのできる最も長いシャフトを選ぶことが大切になってきます。

不思議なようですが、シャフトを短くしたらヘッドスピードが速くなった、という話もよく聞きます。でも、これは振りやすくなったからというだけのこと。長いクラブはうまく振れないけれど、コンパクトなクラブなら効率よく振れたということなのです。でも、短くしてヘッドスピードの上がった人は、それだけのポテンシャルを持っているということ。だから、長いクラブに慣れることができれば、さらに飛距離は伸ばせるという理屈になります。心地よく振れる最大の長さを見つけてください。

ドラコン王たちは飛ばしのみに生きる人生を送っています。だから、ドラコンだけなのです。みなさんはゴルフを続けているうちにスコアを意識し、小さくまとまってはいませんか？　それで飛距離が落ちるのでは、つまらないですよね。飛ばしは、意識することで復活します。ドラコン王たちのような人生とまでは行かなくても、飛距離の追求はいつまでもやめたくないものです。

7 お金をかければ飛距離は買える

少し下世話ですが、今度は「お金さえあれば飛距離は買えるのか?」というテーマです。どう思いますか? 答えは「買える」です。こういってしまうと身もフタもないのですが、やはり高価なものには高価なだけの理由があるからです。「宇宙開発で培った解析・分析技術でオートクチュールシャフトを製作した」という seven dreamer シャフトなどは分かりやすい例ですが、ヘッドでもシャフトでも一つひとつ材料を吟味して手作りすればその分経費はかかりますが、質のいいものができるのは当たり前です。

決して量産品が悪いといっているわけではありません。ですが、どんなに頑張っても量産品のできあがりにはバラつきが出ます。基本的に、ゴルフクラブはルールに基づいて作られています（そうでないものについては後ほど詳しくお話しします）。ギリギリ規定内のクラブが一番効力を発揮するのはいうまでもありません。当然、メーカーは違反にならないスレスレのところでクラブを作る努力をする。手作りであれば、問題なくこれができるのですが、当たりはずれのバラつきがある量産品では、違反クラブが出てしまう可能性もあるわけです。これでは困る。だから量産する場合には、最初から限界ラインを少し下げて設定することになるわけです。つまり、本当のギリギリではなく、安全な範囲でのギリギリ。この違いは大きいでしょう。だから、高いものほど、ホントのギリギリ。つまり飛ぶわけです。「高いものは飛ぶのか？」という単純な質問への答えは「飛ぶ」ですが、あなたに合うかどうかとなると話は別ですよ。高くても合わないものはいいとはいえない。気をつけてください。

ところで、さきほど少し触れたように、ゴルフクラブには様々な規制があります。ヘッドのサイズや形状はもちろんですが、ドライバーのスプリング効果（ＳＬＥ）規制（反発係数＝ＣＯＲの規制）などがそれにあたります。でも、裏を返せば、この規制の枠外のクラブは、性能がいいということになります。そうです。アタマの回転のいい方は分かりましたね？ルール不適合クラブ（違反クラブ）は適合クラブより飛んだり、止まったりするんです。

テーマを飛ばしに絞って考えると、違反とはいえ、実際に作られ、売られてもいる〝飛ぶクラブを使いたくなるのは人情というものです。どんどん、使いましょう！　私は不適合クラブ使用賛成派です。これらのクラブは、競技での使用はできません。これはいくらなんでも仕方ない。みんなが一定の条件の下で技を競うのですから。でも、競技に出場しないアマチュアゴルファーもたくさんいます。いや、こちらのほうがずっと多い。その人たちがプライベートでゴルフ最大の楽しみである飛距離を追求することに、誰がストップをかけられるでしょうか？

草野球の道具にうるさいことをいう人がいますか？　下手したら人数だって、チーム９人いないかもしれない。サッカーだってバスケットだって、楽しんでやる分には道具も、フィールドも、規定通りになんかしませんよね。一緒にゲームをする面々の合意があればそれでいいんです。ゴルフだけが特別なわけではありません。

以前、御大、アーノルド・パーマーが勇気ある発言をして大論争が起きたことがあります。２００１年のことですが、Ｃ社と契約したパーマーが、ＣＯＲ（反発係数）リミットを無視した同社のクラブについて、「僕は使うよ」と発言したのです。ゴルフチャンネルの番組で、

MCだったピーター・ケスラー氏がこれに猛反発。「レジェンドたるあなたがそんなことをいっていいのか」と詰め寄りました。「これは飛距離が落ちてきた人間じゃないと分からないことだ」と、齢を重ね、すでに競技には出場しなくなっていたパーマーも引きません。「（ゴルファー全体に対する規制をしている現在は）プライベートでゴルフを楽しんでいる人たちから距離を奪う結果になってしまっている」と説明し、競技とプライベートは区別して考えるべきだといい切ったのです。

結局、この事件後、ケスラーはこの番組を降ろされてしまうのですが、お互いにそれぞれの主張を勇気を持って論争したこの番組が持つ意味は大きかったと私は思っています。R＆A（ロイヤルアンドエンシェント）やUSGA（全米ゴルフ協会）の方針に真っ向から反対し、ゴルファー拡大の方向で主張を繰り広げたパーマーと、レジェンド相手に自分の〝正論〟をぶつけたケスラー。物事はこうしてオープンに語られるべきですね。

不適合（違反）クラブについては賛否両論がありますが、個人的に私はパーマーのスタンスに全面的に賛同します。前作の『150ヤード以内は必ず3打で上がれる‼　アプローチのお約束』で「飛距離に応じてティーグラウンドを選ぼう。それができるのがゴルフのよさ」

という内容のことを書きましたが、それでも年をとったり、筋力が落ちたりして距離が失われ、前方のティーグラウンドに行くのは寂しいもの。若い頃と同じ所から打ってゴルフが楽しめるのなら、そのほうがいいに決まっています。そのために不適合（違反）クラブを使うのは悪いことではありません。パーマーでさえそうであるように、誰もがいつまでも競技ゴルファーでいるわけでもないのですから。不適合（違反）クラブであることを、使う人がしっかりと理解して使えば、よりゴルフを楽しめることでしょう。

余談ですが、あえて今ではお目にかかれなくなったパーシモンのクラブと糸巻きボールでゴルフを楽しんでいる人たちもいます。〝物好き〟といってしまえばそれまでですが、ゴルフの楽しみ方にはいろいろあっていい。そう考えれば幅が広がるというものです。

全体論としてクラブは値段が高いもののほうがいいと書きましたが、シャフトに関しても同じことがいえます。いいシャフトは高価なものです。グラファイト（カーボン）シャフトというのは、カーボンのシートを1枚、1枚、巻いてつくります。この枚数が、安い量産品と高い手作り品では全く違います。量産品が7〜8枚なのに対し、手作りだと12〜13枚。このくらい違うわけです。その分、細かくしなるようになっていて多機能だから飛ぶ。でも、値が張る。そういうことです。

そんなわけで、いい道具を手に入れるにはお金がかかる。だから今日から奥さん（?）の目を盗み、へそくりを始めましょう！　努力（?）していい道具を自分のものに！

8 トレーニングは現状維持のつもりで平均的に鍛える

「トレーニングについて聞きたい」という人も多いと思います。もちろんお教えします。でも、その前にひとつ、しっかり分かっておいてほしいことがあります。今すぐ、飛ぶようになる飛ばしのためのトレーニングなどというものはありません。5年後、10年後に自分の飛距離を落とさないでいられれば、飛ばし屋になれるでしょう?　そこで差をつけるためのトレーニングです。ジェイソン・デイもローリー・マキロイもトレーニングをしているし、飛距離もありますが、それは飛ばしのためだけに急にトレーニングをしたわけではないんです。カン違いしないでくださいね。つまり、飛距離の低下を感じてからトレーニングを始めても遅いんです。今すぐに始めてください。今の飛距離の維持のためですよ、維持。ダイエットで体重を減らすのではなく、現在の体重より増えないようにするというのとちょっと似てるかな。

私が本気でトレーニングを始めたのは、ケガがきっかけでした。日本のチャレンジツアーに出場していた35歳の頃（2000年）に左肩を壊したんです。ローテーターカフ（rotator cuff=回旋筋腱板《かいせんきんけんばん》）のルーズショルダー（弛緩肩《しかん》）でした。すぐにアメリカに戻って医者へ行くと、治療の方法として2つの選択肢があるといわれました。ひとつは内視鏡で詰まったカスを除去する方法。こちらは再発の可能性が大きかった。だから、もうひとつのフィジカルセラピー（physical therapy=PT）といってトレーニングをして治療する方法を選びました。

PTという方法をこのとき、私は初めて知ったのですが、担当してくれたフロリダ大学のドクター、ポロンボは、アーノルド・パーマーやグレッグ・ノーマンの関節手術も執刀しているその道の権威だったのです。そしてPTを担当してくれたリハビリ科の理学療法士のドクターがダグ・パラ。後にデビッド・レッドベター・アカデミーのトレーナーとなり、アニカ・ソレンスタムのメイントレーナーとなる人物でした。

　このPTで得た知識を基に、みなさんにお伝えしておきたいトレーニングの目標は「とにかくすべての数値を平均して上げること」です。現在の体力を維持し、飛距離をキープするのが目的ですから、偏った部位を鍛えてしまっては無駄になってしまう。それでは飛ばない。素振りや練習、ラウンドしたとき「身体が痛い」とならないための体力を維持することが大切なのです。

　クラブを持つ力、上げる力、振った後に身体を支える力。どれも大切です。超一流プロは、クラブを思うように振れたときと振れないときの差が、ほとんどありません。振れたときには飛距離が出るけど、そうでないときはガクッと落ちるのでは三流なのです。

　ただし、過剰にトレーニングをし過ぎないように気をつけましょう。筋肉は鍛えられても、ジョインパーツ（関節）は鍛えられません。それを忘れて鍛え過ぎ、結果的に身体を壊してしまったいい例がタイガー・ウッズです。あそこまでやる人はいないと思いますが、目指すところはそこではないことをくれぐれも忘れずに。

9 飛ばしのための練習器具は主に2タイプ

練習用の器具を使ったトレーニングについてもお話ししましょう。飛ばすためには大事なことです。僕がお勧めしているのは重いクラブ。野球でいうマスコットバットと同じ方式ですね。これは効果的です。

実際にコースで使うクラブより重いものを振ってスイングをつくっておくと「軽く感じて楽に振れる」と以前はいわれてきました。でも、これは科学的には根拠がないということが、最近になって分かってしまいましたね。それでも、人間というのは自分の持てる能力をマックスに使うことに慣れておくと、メンタルの部分でも意味があるんです。だから、どんどん重いクラブを振りましょう。藤田寛之《ふじたひろゆき》選手がお勧めしているグッズのようなものもあり、色々開発されていますから、バッグに1本入れておくだけで違います。飛距離も出るようになるし、スイングも安定します。

また、「長い竹ぼうきを振る」というような原始的（?）な方法も決して意味のないことではありません。重いもの、長いものをゆっくりと振ることでスイングはつくり上げられ、能力のマックスを体感できるのが大きいんです。

実際、重いクラブを振り続けていると体幹は鍛えられるし、体力の低減するカーブを緩やかにすることができます、これ、みなさんに必要なことでしょう。

大切なのは、重さと空気抵抗。重いクラブや練習器具、竹ぼうきを振る、あるいはチューブを引っ張る。それ以外にも昔のスポ魂マンガのように公園に埋まっているタイヤを叩くなど、方法はいくらでもあります。

飛距離アップのための練習器具について、その目的と効果についても触れておきましょう。そもそも飛ばすための練習器具は、スイングをつくる器具とはちょっと違います。

クラブを速く振るといっても、タイプが2つに別れます。Aタイプは〝キュン〟とか〝ピュッ〟という感じでクラブを振る人。比較的身体が小さく、腕が短く、スイングの弧が小さいタイプ。倉本昌弘選手や近藤共弘《こんどうともひろ》選手、今田竜二《いまだりゅうじ》選手などがこれにあたります。これに対してBタイプは身体が大きく腕も長いのでスイングの弧が大きいタイプ。ジャンボ尾崎選手や弟の健夫《たてお》選手、加瀬秀樹《かせひでき》選手などがこれにあたります。また、大きな観覧車か小さな観覧車かという違いですね。

自分が二つのタイプのどちらかということを念頭に置き、強化するポイントを見極めながら2つのタイプのトレーニングをしましょう。パワフルスイング型の力をつけるには、重い練習器具が効果的です。これをゆっくり振ることで体幹が鍛えられ、パワーアップします。

次に、スピードをつけてクラブを振る能力（筋速度）を上げるためには、細い練習器具を〝ピュン〟と速く振るトレーニングがお勧めです。こちらも、様々な器具が売られているので、探してみてください。

どちらも、自分が何の感覚を養っているのかを意識しながら並行して鍛えること。だまされたと思って、毎日、50回ずつ、両方やってみてください。**パワーとスピードを並行して磨けば、効果はてきめん**。次のコンペでは違いが実感できるはずです。

仕事から帰ってきて、「お風呂にする？　ご飯にする？　それとも素振り？」と聞かれるくらいになったらしめたものです。そうして、寝落ちするまでパットの練習までできたら……ああ、うまくなり過ぎてしまいますね。

でもメンタルにしてもフィジカルにしても、トレーニングは魔法じゃないことも忘れないでください。どういう意味か？　これを読んでいるだけで、うまくなるわけはないってことですよ。読んだだけでうまくなった気にならないで、毎日実践してください！

本書を手に取った時点で、あなたのやる気は見えています。読もうともしなかった人より一歩リードしていますが、その先の実践が大切なのはいうまでもありませんよ！

第5章

飛び道具はドライバーだけじゃない

1 自分のプレースタイルに合ったボールを使う

飛ばしのためにヘッドスピードを上げる話、クラブの話、トレーニングの話……、いろいろしてきましたが、もう一つ、忘れちゃいけないものがあります。ボールですよ、ボール‼ ゴルフはボールをクラブで打つスポーツなんだから。まさか「ボールなんてなんでも同じ」「高いからロストボールを買ってきてる」「もらいものだけで済ませてる」なんてことをいってないでしょうね？ ゴルフをナメてますね。ボールチョイスは飛ばしのための大事なファクター。まずは、ボールについてもう少し詳しくなりましょう。それから、自分に合ったボールを探すのだ！

クラブの話でも出てきたように、ゴルフにはルールで様々な規制がかかっています。クラブについて復習すると、ヘッドの形、大きさ、反発係数、シャフトの長さ、グリップの形状……などなどでしたね。もちろんボールにも規制があります。でも、ゴルフは他のスポーツと違って、プレーヤー一人ひとりがそれぞれのボールを選べます。形状や重さ（1・620オンス＝45・93g以下）、大きさ（直径1・680インチ＝42・67㎜以上）、球体としての対称性、初速制限、標準総合距離などの規則（ゴルフ規則・付属規則Ⅲ）をクリアしたボールであれば、どれを使うかはプレーヤーが決めていいのです。規制を一言で簡略に説明すれば、飛び過ぎ防止ということになりますね。

基本的に、初速が上がればボールは飛ぶ。初速を上げるためには硬くすればいいわけです。その反面、ボールが硬くなると回転が入らなくなり、それに伴って揚力が低下する。珠が上がらなくなってしまいます。だから、ボールメーカーは、初速規制内マックスの数値を叩き出す硬さと揚力のバランスを探りながらボールをつくるというわけです。スピン量を取るか、推進力を生みだす揚力を取るか。絶妙なバランスを生み出すために。

ところで、ボールにはディンプルがあります。小さくいっぱいついている表面のくぼみのことです。元々、ディンプルなどなく、単なる普通の塊だったゴルフボールですが、それが古くなり、使い込んでいくほど飛ぶことに気がついた人がいたんですね。「傷がついたほうがより飛ぶ」ということが、分かったのです。そこからゴルファーたちが試行錯誤を繰り返した結果、現在のようなディンプルのあるボールができたというわけです。今でもディンプルの研究は続いています。一見、みな同じに見えますが、実はボールによっていろいろなんですよ。規制内でできるだけ飛ぶボールを開発して売ろうと、メーカーはお互いしのぎを削っています。だから〝新開発、飛びのディンプル〟みたいなうたい文句の新しいボールがたびたび登場するワケです。

では、同じボールを様々なタイプのゴルファーが打ったとき、どんな違いが起こるのかを考えてみましょう。まず、**ボールが上がる人（A）、上がらない人（B）の2種類**がいる。そして**それぞれに、スピンが入る人（Ⅰ）、スピンが入らない人（Ⅱ）**がいる。同じボールを打ってもAⅠ、AⅡ、BⅠ、BⅡの4通りの球筋が出ることになります。

ボールの種類はたくさんあるのですが、**大まかに分けて硬いもの（C）、軟らかいもの（D）**があり、**それぞれにスピンが入るもの（Ⅲ）、スピンが入らないもの（Ⅳ）**がある。こちらも4通りに分類できます。

大雑把に分けただけで、4種類のゴルファーと4種類のボールがあるのに、ボールを選ばないなんてもったいないと思いませんか？　スイングだけ、クラブだけで飛距離を求め、ボール選びをないがしろにするなんてケアレスミスとしかいいようがありません。

クラブを選ぶようにボールを選ぶ。そしてクラブとボールとのマッチングを考えるのはゴルファーとしての基本です。心・技・体の3つが揃って初めて、人間がしっかりできるように、ゴルフもクラブ、ボール、スイングの3つが揃って、ようやく飛距離を云々できるようになるのです。さあ、分かったらすぐ、ボール選びです。

クラブを選ぶとき、自分のヘッドスピードを測定しましたよね。この期に及んで、まだやってない人、まさかいないでしょうね？　そのヘッドスピードによって、合うボール、合わないボールがあると考えるのがボール選びの基本です。

ヘッドスピードの速い人ほど、インパクトでボールがつぶれます。だから、コンプレッション（ボールの硬さを示す尺度、通常0～200の数字で表される。コンプレッション100のボールは90のボールより硬い。最近は、コンプレッションを表示しないボールが増えている）の硬いものを好む場合が多いですね。逆にヘッドスピードがそれほど速くない人は、柔らかいボールを好むことが多くなります。ただし、クラブの重心深度が深ければ球は上がります。この場合、ボールが柔らかすぎると上がるけど前に行かないという事態もありますので、ご注意を。

クラブを選ぶときも同様なのですが、大事なのは自分がどのタイプのプレースタイルを選ぶかということです。本書を読んでくださっているみなさんが求めているのはあくまでも飛ばし。だから、ガチガチに硬い、いわゆるディスタンス系のボールを使えばいいんです。ピタッと止まる球を打ちたい、飛ばしよりそっちだ！　という人はスピンコントロール重視のボール（スピン系）でしょうけれど、本書の読者にはいないはずですよね。

プロがボールについて話すのを聞いていると「これ、飛ぶけどスピンも入るよね」という言い方をします。「スピン入るけど飛ぶんだよ」という逆の言い方をする人は、まず、いません。アマチュアも同じです。腕前は違っても、ゴルファーはみんな飛ばしを求めていることがよく分かるでしょ。

ディスタンス系、スピン系とボールの大まかな分類は、たいてい箱に表示されていますので見れば分かります。でも、それだけでも各メーカーにいろいろあって、どれを選べばよいか分からない。そんな方も多いことでしょう。そんなときはコースでいろいろなボールを打って試してみましょう。競技じゃないプライベートのラウンドなら、それもありです。

例えば、よく行くコースのパー3で同じアイアンで打ったのに「いつもより飛ぶな」と感じるのか、「いつもよりスピンが効いているな」と感じるのかよく見極めてください。それが、そのボールとあなたのスイング、クラブとのマッチングの簡単な判別方法です。

なぜ、パー3でアイアンなのか。それは、あなたのドライバーの当たる確率が高いとは思えないからです。それに、ボールの行方が遠すぎて見えないでしょう？　自分のボールがどこにキャリーして、どれほど転がったのか。見えるなら別にドライバーで判断してもいいですよ。ただし、きちんと当たる確率がかなり高ければの話です。それに比べてアイアンは当たる確率も高いしボールの行方も見やすい。だからパー3なんです。ショートコースに行くのもいいですね。試すチャンスがいっぱいありますから。ボールが絞れてきたら、ラウンド前半と後半で替えてみるのも面白いですよ。一つだけはっきりいえることは、飛ぶボールはグリーン周りでもパターでも飛ぶということ。これ、意外に重要ですから、よく覚えておいてください。

繰り返します。**自分のプレースタイルに合ったボールを選ぶことは、クラブ選びと同じくらい重要**です。私の例をあげると、2年に1度、契約メーカーのボールが新しくなると、必ず同じコースの同じホールで2種類のボールを試してみます。昔はグリーン周りのプレーを重視するスタイルでしたが、今は飛ばしを重視しています。だから、選ぶボールも変わりました。面白いもので、同じパー3で7番アイアンを持ち、2種類5球ずつ10個のボールを打つと、きれいに落ちどころが2つに分かれます。私はプロですから当たり前ですが、みなさんはここまではっきり分からないかもしれません。それでも、傾向はつかめるはず。ぜひ、やってみてください。

プロゴルファーの多くは、私のようにボールメーカーと契約を結んでいます。契約金をもらっている人はほんの一握りですが、それよりボールを支給されることの意味が大きいのは分かりますね。1年に使うボールの数はハンパな量じゃありませんからね。メーカー側にも、もちろんメリットがある。最高の技術開発スタッフとしての意見がもらえたり、活躍すれば広告塔になってくれたりするのですから。ただし、当たり前ですが契約すると他メーカーのボールは使えません。一緒に回ったライバルプロのボールがどんなにほしくても、それを使うわけにはいかないのです。自分で買ったからといっても、それを使うのは契約違反です。契約がないなら別ですが、お金をもらっていなくても、契約していたらそうはいきません。でも、みなさんアマチュアには契約なんてない。「だからボールを買わなくちゃいけないんだ」なんて思わないで、「プロと違って色々なボールを打てるんだ。自分で選べるなんて楽しい」とポジティブに考えましょう。それだけ、ゴルフの奥深さを感じてもらえると思いますよ。

2 フェアウエーウッドは下からしゃくるように打つ

ずっとドライバーショットの話ばかりをしてきましたが、ドライバーが飛ぶようになれば当然、他のクラブだって飛ぶようになります。だから今度は、次に長いクラブについて考えてみましょう。

みなさんのゴルフバッグに入っているドライバー（1番ウッド）の次に長いクラブというと、大体はスプーン（3番ウッド）でしょうね。本当はこの間にブラッシーと呼ばれる2番ウッドがあるのですが、ほとんど売られてもいないし、使われることはめったにありません。

3番ウッドは、フェアウエーウッド（FW）の親分のようなもの。まずはドライバーとFWの違いについて考えてみましょう。通常、ティーショットで使うドライバーは、ティーアップして使いますね。直《じか》ドラなどといって、パー5のセカンドショットなどでフェアウエーから打つこともありますが、これは稀有な例。ドライバーをFWとして使っているという言い方をしてもいいでしょう。これに対してFWはティーアップせずに使うことが多いクラブです。もちろん、ティーショットで使うこともありますが、そうでないことのほうが多いのがFW。ティーアップされていないから、実ロフト以上に打ち出し角をつける(球を上げる)のが難しくなります。基本的に、球が上がらないと飛ばないクラブだということをまず認識してください。

プレーを組み立てるうえで、3番ウッドの選び方はとても重要です。前述のように、球を上げられるクラブでなければ飛距離が出ないことを考えると、プレーヤーのヘッドスピードによって、球を上げられるロフトは変わってきます。だから、どのロフトなら自分が球を上げることができるかを考えてクラブを選ぶのです。

ジェイソン・デイやダスティン・ジョンソンのような飛距離のあるトッププレーヤーは、3番ウッドなのにロフト13・5度のクラブを使っていたりします。このロフトでも平気で、フェアウエーから球を上げ、飛ばすことができるパワーがあるからです。でも、みなさんはそうはいきません。私でも50歳を過ぎた今ではロフト15・0度の3番ウッドではそろそろ苦しくなってきたほどですから。つまり、非力なアマチュアが15・0度というようなストロングロフトの3番ウッドを使っても意味がないということなのです。

「ドライバーの次に飛ぶのは3番ウッド」というのは、クラブが自分に合っていればの話。むやみに3番ウッドを使えばいいという話ではありません。5番ウッドのほうが芯に当たる確率が高いのなら、飛ぶ5番ウッドを「ドライバーの次に飛ぶクラブ」として武器にするのもいいでしょう。

ＦＷの選び方は、自分に合ったドライバーを見つけたときと同じです。ただ一つ、完全に違うのは、何度もいうようにティーアップすることが少ないということ。だからこそ、ドライバー以上にロフトにこだわることです。いろいろ、打ってみてください。同じロフトでも、重心深度によって球が上がりやすいものも、上がりにくいものもありますから。

「ドライバーなら球が上がるのに、ＦＷだとなぜか上がらない」と、悩んでいるような人は、明らかに使っているＦＷのロフトが合っていないと思われます。合うものを見つけてくださいね。

ところで前著『150ヤード以内は必ず3打で上がれる‼　アプローチのお約束』を読んでくださった方は分かっていると思いますが、ゴルフで一番困ってしまうのはクラブのギャップ（飛距離の差）が揃っていないこと。これも考えながらFWを選んでください。もちろん、ユーティリティー（UT）も同じことです。

FWにもUTにも共通していえることですが、飛ばしたいなら下からしゃくるような打ち方をしたほうがいい。地面を払うようなイメージといってもいいかな。絶対に上からつぶさないこと。左足下がりのつま先下がりのように上から打つしかやりようのないライなら仕方ないですが、それ以外はしゃくるように打つ。

ティーショット以外でFWを選択するのは飛ばしたい場面のはずです。だからヘッドをシャロー（クラブヘッドの厚みが少ないクラブだと低重心となるため、ボールが上がりやすくなること）に入れて、払うように打つ。実ロフト以上に球を上げるのは、これしかありません。

クラブセッティングについては、トッププロたちは下（短いクラブ）に厚く、ウェッジ4本を入れるのが主流になっています。シニアや女子プロは上に厚く、FWやUTを多く入れていますね。

アマチュアの場合、非力な人ならストロングロフトの3番ウッドを入れて、ホールによってはこれで吹っ飛ばすという手もあります。打ち上げのホールやランがほとんどでない雨の日などは、そのほうが前に飛ぶからです。フェアウエーから普通に打つには、違うFWを使う。そんなマネジメントも楽しいですよ。とにかくロフトによってどれだけ飛距離が変わってくるか、それを理解することも大切です。

3 飛ばす前にライを慎重に見極める

クラブ選びが終わったら、次に考えることはライの見極めです。自分のボールがあるところまで行ったら、まず最初に「飛ばすことを考えていいライかどうか」を考えましょう。基本的に芝が順目なら飛びますが、逆目なら飛びません。ラフでもこの原理はあてはまるし、順目でホワホワしているラフの上っ面にボールが載っているような場合なら、フライヤーしやすい。だから飛ぶ。これくらいのことはすぐに分かるはずです。ラフのボールが飛ぶかどうかは、ヘッドスピードの大小によります。ヘッドスピードが速ければ、手前の芝を刈り取りながらもボールにコンタクトすることができる。けれども、ヘッドスピードが遅いようなら芝に負けてしまいます。ボールに直接コンタクトできない、これでは飛ぶはずがありませんね。チャンスがあるのか、ノーチャンスなのか。まず冷静に判断すること。つまり、逆目だったり、ラフに沈んでいたりしたら飛ばしてはいけないと言い聞かせ、そこからの脱出を一番に考えることです。

バンカーにつかまってしまった場合でも、同様にライを見極めましょう。球が浮いていれば飛ぶけど、沈んでいれば飛ばない。簡単です。

ギャンブルをするにしても、勝ち目のあるときだけ。勝ち目もないのにギャンブルをするなんて、バカなマネをしてはいけません。

コラム タケの独り言④

ボールの歴史

ゴルフの醍醐味はと聞かれれば、間違いなく「飛ばし」と答える人が多いだろう。ゴルフはボールを正確に遠くへ飛ばし、直径108㎜の小さなホールへ沈める競技。ジュニアからご老人まで老若男女が楽しめるスポーツでもある。スポーツには道具を使い、競技場を必要とするものが多いが、ゴルフもその中の1つ。しかも競技者が道具を選ぶことができ、競技場（ゴルフ場）を選べるのもゴルフの特徴の1つである。道具の中のボールも規制はあるもののの、自分の好きなものを選んで使用することができる。これもゴルフの醍醐味だ。現在、数多くのボールが発売されているが、自分に合ったものを選ぶのも「飛ばし」の重要項目。そのためのボール選びのお手伝いとして、ボールの歴史について少々語ってみたい。

歴史に残る文献の中でのゴルフボール原型を紹介すると、羽毛を皮で包んでつくる〝フェザリーボール〟を使用していた。皮だなんて野球のボールのようですな。ところが歯の治療で使うゴムである〝ガタパーチャ〟なる素材からゴルフボールをつくり始めたところ、量産が可能になってくる。ボールの表面は〝ツルッツル〟の〝スベスベ〟だったが傷がつくと飛ぶようになることに気づくと、メッシュや突起物をつけたボールが生まれた。1900年代初頭には、既に現在のボールの原型が出来上がっていたのである。サイズや重さなどの規定も1930年には制定された。その後、技術進化のもとに規制も変化していく。

現在の規定では、ボールの直径（42・67㎜以上）、重さ（45・93g以下）、これらの規定の条件下でボールを打ったときの初速と飛距離が規定内であることが求められる。小さすぎても、軽すぎても、反発が良すぎても、飛び過ぎても使用することが出来ない。

タケがゴルフを始めた1980年代初頭には、ボールには2つのサイズが存在した、英国サイズといわれたスモールサイズ。米国サイズといわれたラージサイズ。小さいボールは風の抵抗が少ないので飛ぶ。しかし風の抵抗が少ないので曲がらないし、スピン性能に劣る。ラージサイズは風の抵抗を受けるので飛ばないが、スピン性能に優れていたのだ。現在はボールの直径サイズが決まっているので、そのサイズぎりぎりで統一されているといっても過言ではない。またその当時は糸巻きボールという時代でもあったのだが、これも現在はない。

現在のボールから自分に合ったボールを選び出すことは、そんなに難しいことではない。

極端にいえば、飛ぶタイプ（ディスタンス系）か操作タイプ（スピン系）に分かれるからだ。本書のテーマは「飛ばし」なのだから、ゴルフショップへ行って店員に、「各メーカーの一番飛ぶボールを紹介してくれ！」といえば揃えてくれる。それらのワンスリーブ（3つ入り）を数種類買い揃え、次回のラウンドで試せばＯＫ。自分のヘッドスピードと一番合うボールが見つかるはずだ。

第6章

スコアメイクのために必要な飛ばしのマネジメント

1 飛ばしのためのストレッチ

最後の章となる第6章では、飛ばしのためのマネジメントについてお話ししましょう。

まず、セルフマネジメントについてです。みなさんは「飛ばなくなってきたなあ」と思うとき、同時に自分の年齢を感じるのではないでしょうか。加齢を感じるのは、ゴルフの飛距離だけではありません。階段の上り下りに疲れを感じたり、四十肩、五十肩になるのも身体が硬くなってきたからです。歯を磨いていてぎっくり腰になる、なんて話もよく聞きますね。人間の身体は、放っておけば加齢と共に硬くなっていくのです。

バックスイングが浅くなり、フィニッシュが取れなくなったあなた。五十肩なのがバレバレですよ。こうなってしまう前に、毎日のストレッチで硬くなる身体にブレーキをかけましょう。タケ小山もシニア入りする少し前から、ことあるごとにストレッチを続けていますよ。特に肩の回旋運動は大切です。せっかくですからいくつかご紹介しましょう。

まずは両手を水平に広げ、ヒジを伸ばす。手首を直角に折り曲げます。その状態のまま雑巾で窓ふきをするように、肩を回します（写真⑬）。10回回したら、反対側にも10回回す。

写真⑬

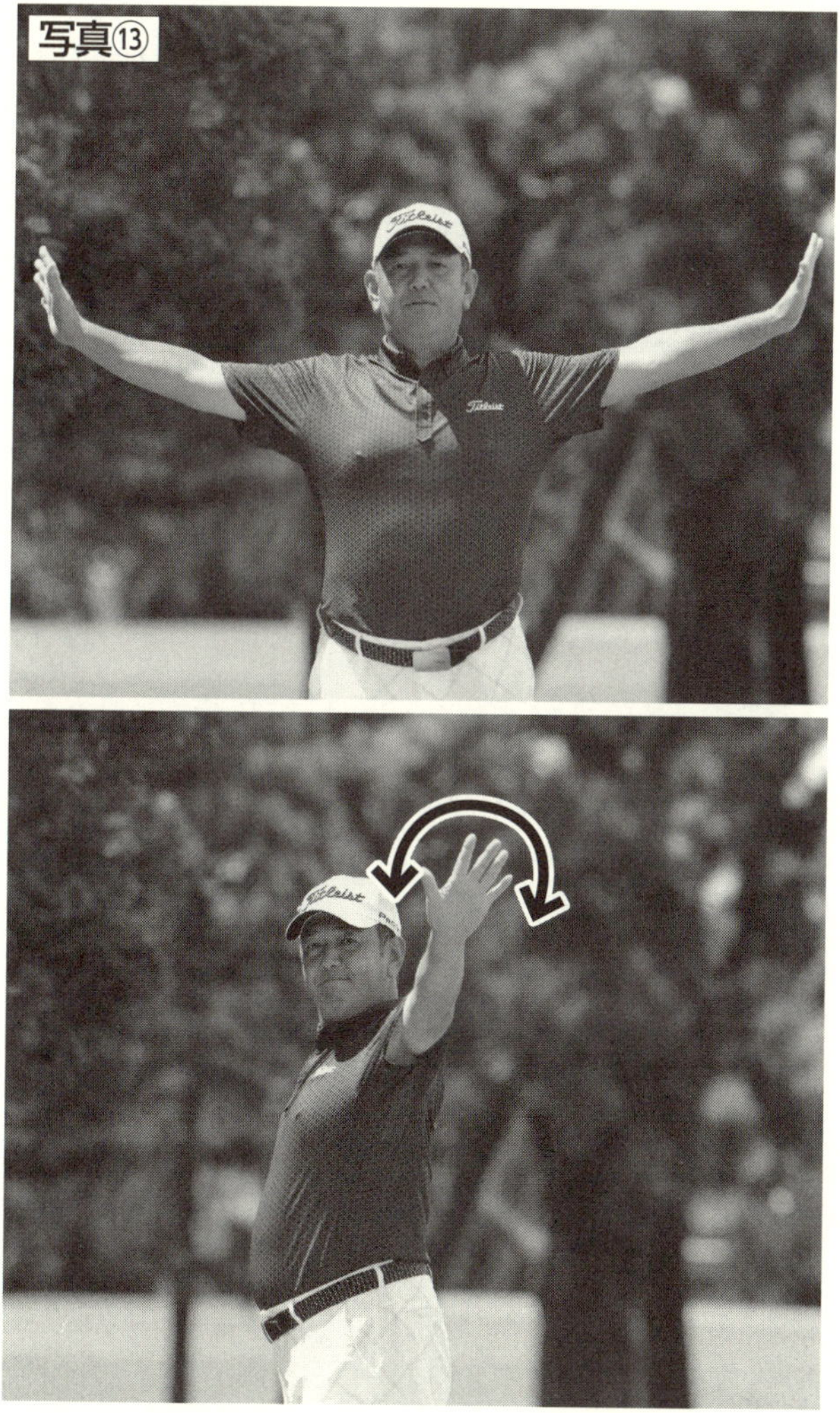

これを何セットか続ける。私は、気がついたときにいつも、やるようにしています。実はこれ、30代後半に左肩を壊したとき、私が実際にやったPT（フィジカルセラピー）運動のひとつなんです。前にも書いたように、ローテーターカフ（回旋筋腱板）のルーズショルダー。これをPTで直したのですが、実際に手に雑巾を持たされて、肩を回させられた。最初はびっくりしましたね。「何でオレ、病院で雑巾持ってんだろ？」って。でも、効果は抜群でしたよ。試してみてください。

2つ目は、両ヒジを曲げ、胸を開くようにしながら身体の横につけます。指は伸ばして、手のひらは内側を向いています（写真⑭）。この姿勢から、手のひらを外側に向けながら、両ヒジを頭の上にゆっくりと伸ばしていきます。このとき、ヒジが顔の前にこないようにしつつ、できるだけ耳に近づけて。呼吸を止めず、大きく伸びをするようにしてみましょう（写真⑮）。どうです？　よく伸びるでしょう？　肩甲骨のあたりがつりそうになった人、脇に近いあたりが痛くなった人、いますよね？　これも、繰り返すことが大切です。暇さえあればやってください。オフィスでもできるでしょう。

肩のストレッチの3つ目は、いわゆるマエケン体操です。そう。カープファンの方はよく

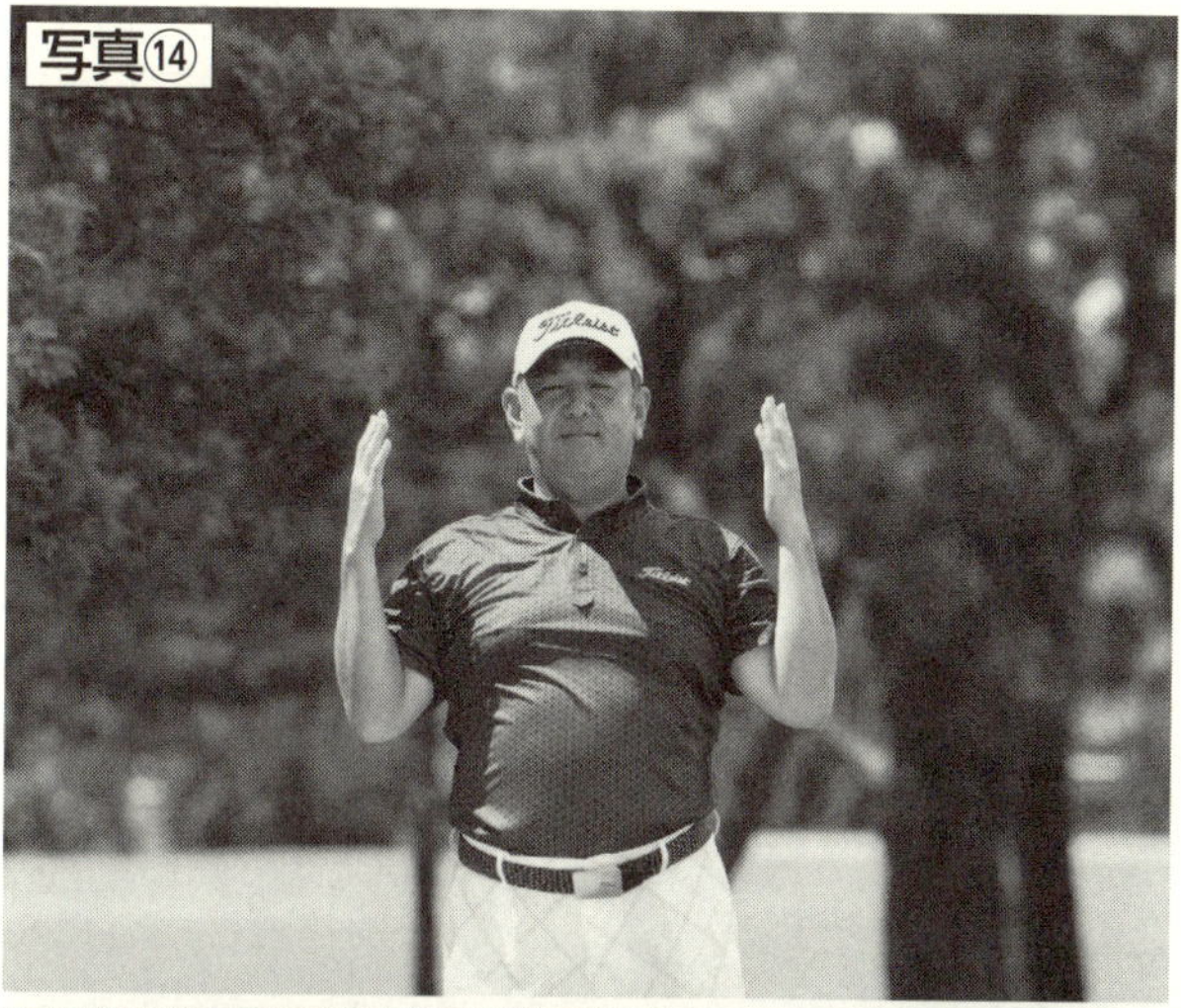
写真⑭

写真⑮

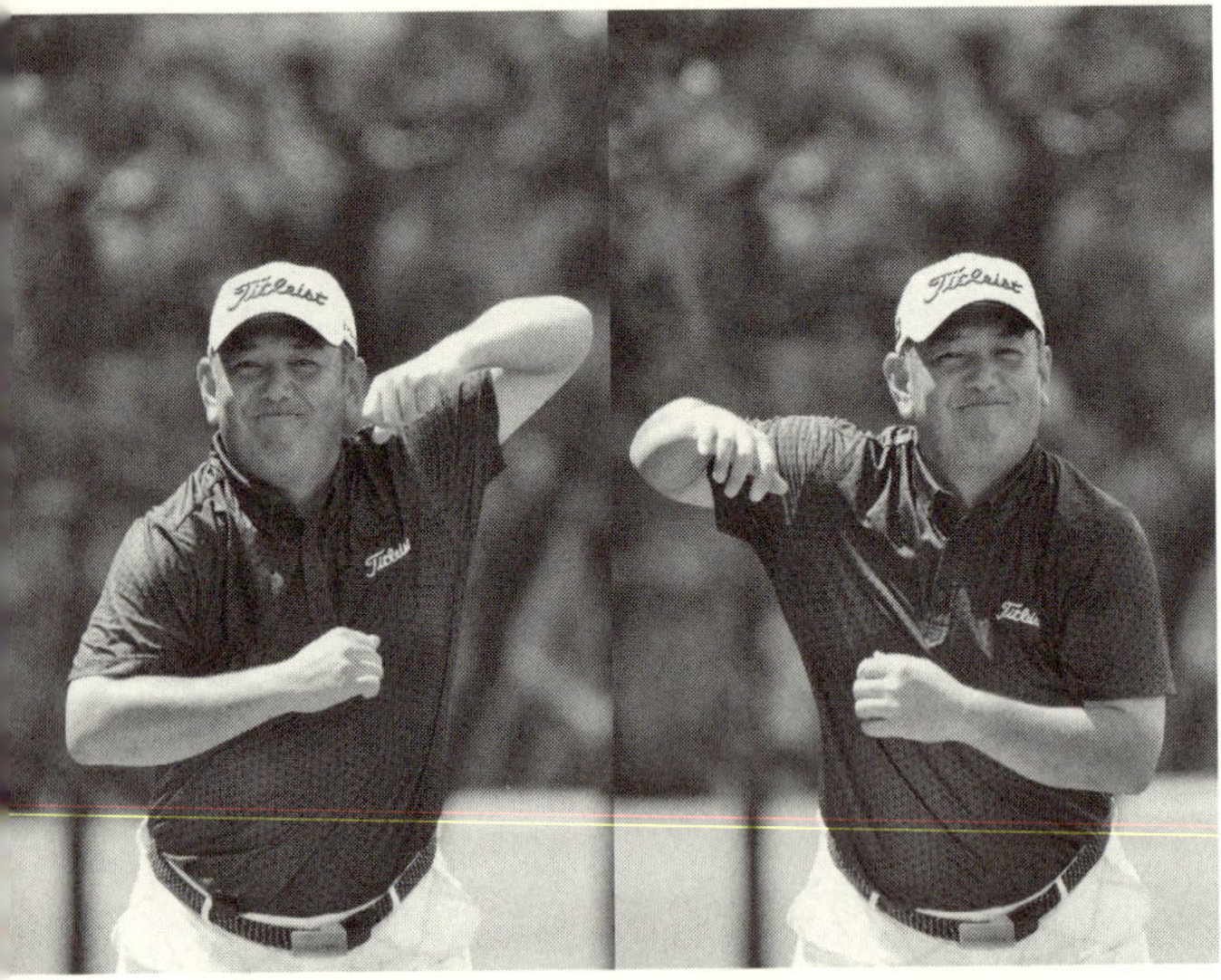
Titleist
Titleist

写真⑯

ご存じですね。現在は米メジャーリーグ（ＭＬＢ）のロサンゼルスドジャースにいる前田健太投手が、広島カープ時代、イニングの合間にベンチ前でやっていた体操です。現在はＭＬＢのルールにより、人目につくところでやることはできなくなっていますが、カープ時代に目にした方も多いことでしょう。肩甲骨周りのストレッチ、可動域を広げるという大きな効果を上げるマエケン体操のやり方は簡単です。足を軽く開き、少し前かがみになって両肩を交互にグルグル回します。腕の力は抜いたままです（写真⑯）。これが終わったら、両ヒジを同時に後ろに引っ張るようにして肩甲骨を広げる（写真⑰）。それだけです。

もう一つあります。プロゴルファーがコースでやっているのをよく見かける2パターンのストレッチです。右ヒジを伸ばし、その二の腕を折り曲げた左手で押すようにして左へ持っていく。右肩があごの下に入るまでできるように頑張りましょう。左右、ゆっくりと行います。（写真⑱⑲）。これとは反対側を伸ばすストレッチも忘れずに。片ヒジを曲げたまま頭の上に上げ、反対側の手でこれを後ろに押す（写真⑳㉑）。これまた左右、ゆっくりと呼吸を止めずにやってください。練習前にするだけで、ケガの防止につながり、続けることで可動域は確実に広がります。アンチエイジング効果、抜群ですよ。

写真⑰

写真⑱
Titleist
PRO

写真⑲
Titleist

写真⑳
Titleist
Titleist

写真㉑

肩のストレッチを覚えたら、股関節のストレッチも忘れずにやってください。股関節を軟らかくすることで、故障は随分減ります。また、股関節が柔らくなると、バックスイングがしっかり入ります。クラブを振る態勢を整えるのです。

アグラをかくように座り、左右の足の裏を自分の正面で合わせる。背筋を伸ばし、両ヒザを両手で持って、床にできるだけ近づけるように押す（写真㉒）。ゆっくりと、股関節が伸びるのを意識しながら、10回程度が1セット。これを何セットか繰り返します。

もう一つはいわゆる相撲の四股踏みです。高く足を上げて、四股を踏めれば一番いいのですが、場所もなければヒマもないなら、その手前まででも十分です。両足を広げて立ち、ゆっくりとヒザを曲げて背中は丸めずに腰を落とす（写真㉓㉔）。さあ、どこまで腰が落とせましたか？　深く落とせば落とすほど、股関節は伸びますよ。これなら、それほど場所もいらず、目立ち過ぎないから簡単にできるでしょう。

今、お教えしたのはいずれも簡単なストレッチばかりです。飛ばしを追求し続けたいのであれば、こちらも暇さえあれば続けてください。「年取って身体が硬くなっちゃってさぁ」は言い訳ですよ。タケ小山の〝お約束〟シリーズでは、言い訳は禁止です！　一生懸命年齢に

写真㉒

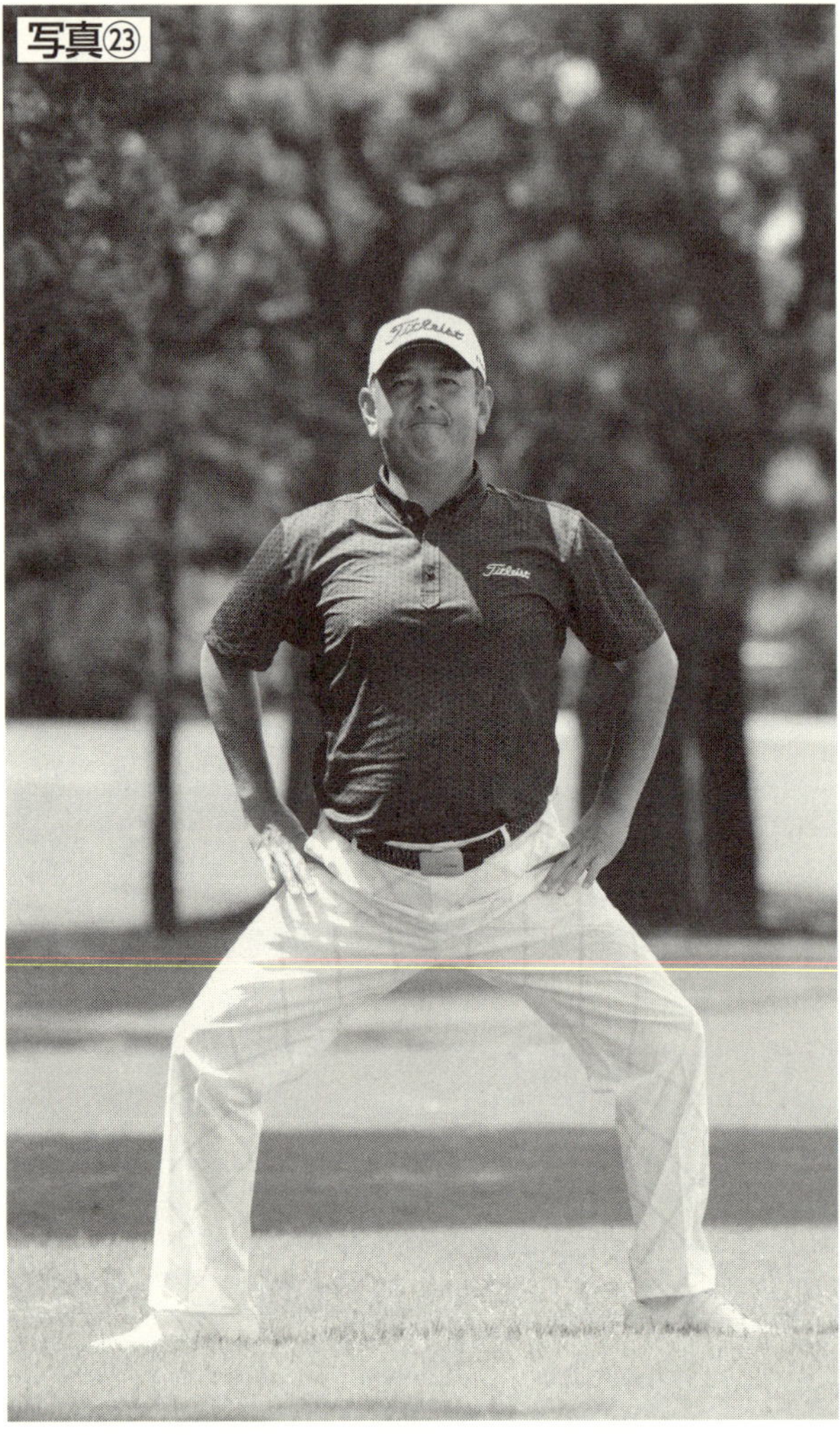
写真㉓
Titleist
Titleist

写真㉔

抵抗すること、いわゆるアンチエイジング対策をできる限りしないようでは、飛ばし屋への道は遠ざかる一方です。さあ、頑張って！

2 飛ばしのメンタル

飛ばしにはどんなメンタルが大切なのでしょうか？　ひたすら「飛ばしたい」という気持ちが大切なのはいうまでもありません。よく「力むよりリラックスしたほうが飛ぶ」なんてことをいう人がいますが、本書ではそんなことはいいませんよ。リラックス？　ジョーダンじゃありません。私はいいたい。思いっきり力め！　と。

いいですか。ドラコンホールで、力んでミスしたからといっていちいちへコんでいてはいけません。これまで、私が伝授したすべてを実践するつもりで、思いきり、身体が壊れるくらいマン振りしてください。当たったら、気持ちいいくらい球は飛んでいきますよ。ドラコンだからといって、フェアウエーに置きにいくようコントロールしたら、決して飛距離は出ません。いいんです。曲がったって。「オレ、力んでるな」と、自分で分かるくらい力んでみてください。

ローリー・マキロイを見てください。素振りからマン振りですよ。素振りではマン振りできているのに、実際にボールを前にすると、振りが小さくなってしまう人、よく見かけます。〝素振り飛ばし屋〟とか〝エア飛ばし屋〟と私は呼んでいますが、こんなカッコ悪いことをしていてはいけません。エア飛ばし屋になってしまう理由はたったひとつ。不安に勝てないからです。頭のどこかにある「曲げたくない」とか「当たるかな」という不安な気持ちを払しょくする努力をしましょう。自分を no fear（怖いものなし）の状態にしてやらないと、アベレージヒッターで終わっちゃいますよ。

考えてもみてください。ドラコンって、そのコースで1、2を争う広いホールでやるでしょう？　だから、楽なはずなんです。ゴルフ場の中でも長いホールは、比較的広く作ってあるのが常識なんですよ。だから、ドラコンホールで力んだって大丈夫。「当たったら飛ぶんだ」という気持ちで、思いきり打つべし！　打つべし！　打つべし!!

3 飛ばしの共通項

レッスンを受けたり、レッスン書を読んだり、ゴルフ上達の道はいろいろあります。イマドキはプロでも、ジュニア時代からスイングコーチがついている時代ですが、昔はそうではありませんでした。師匠とする先輩プロがいたのは当たり前でしたが、それでも試しに「師匠から何を教わったか？」と訪ねると「直接、教えてくれたことは何もない」という人のほうが圧倒的に多いのです。つまり「見て盗む」のが、当然だったんです。

それをマネるわけではありませんが、みなさんもプロの技を、見て盗むことをお勧めします。テレビでも、生でも、プロのツアーを観察して、飛ばし屋の技を盗むようにつとめてください（**176ページ以降に「タケ小山のドライバーショット」全方位連続写真を入れました。よく見て盗んでください**）。

まず、見るのはどういうコースでより飛ばそうとしているか。例えば、男子ツアー、長嶋茂雄 INVITATION セガサミーカップの舞台でもある、ザ・ノースCC（北海道）などは、飛ばせる要素が揃っています。フェアウエーが広く、地面は固く、転がりやすい芝。こういう場合は特にコースを見極めることが大切なんです。特に飛ばしに特化したトレーニングなんかしなくても、プレーするコースを選べば、飛距離は自然にアップする。こういうスマートさも必要ですね。

さて、飛ぶ選手を何人か見つけたら、その共通項を探してみましょう。あなたはいくつ見つけられましたか? その数が多ければ多いほど、飛ばし屋のノウハウを理解しているということです。だから、飛ばし屋への道はより近い。逆に、ボールを曲げたくなければ、そういう選手を探せばいい。そういうことです。

その答え? 答えは自分で探してほしいなぁ……。でも、仕方ないので最後に少しヒントを書きました。でも、それを読む前に、ちゃんと自分で探してくださいよ。飛ばしの共通項で出てくるトライ可能なことにはすべてにチャレンジしてみましょう。それで身体やスイングが壊れても、自己責任ということで、よろしく頼みます。

〈答（例）〉（飛ばしの共通項）

★ **身体が大きい**
★ **スイングアークが大きい**
★ **スイングスピードが速い**
★ **キャリーの滞空時間が長い**
★ **落ちてからよく転がる**
★ **左ヒザがインパクトで伸び上がる**
★ **クラブが長い**
★ **小さいけれど回転が速い**
★ **フォローで腕が伸び切っている**
★ **帽子が飛ぶほどマン振りしている**

これらは全て〝飛ばし〟につながります。できることから全部、やってみましょう！

4 人の振り見て我が振り直せ

飛ばし屋のゴルフをチェックしたら、今度は自分のスイングを見てみましょう。人のマネをするには、自分がどうなっているのか、どこが違うのかを知る必要があるからです。イマドキは、スマートフォンでスロー映像まで撮影できます。簡単に自分のゴルフを見ることができますね。「がっかりするからイヤ」だの「落ち込む」などといってるようなヒマはありません。

自分のスイングが撮れて、プロのスイングと比較できるマシンがある練習場もありますね。スマートフォンと共に、目いっぱい活用しましょう。

比較するとよく分かると思いますが、男子でも女子でも、プロゴルファーのスイングは、実に効率のいいものです。だから飛ぶ。小柄な女子プロや、小柄な倉本昌弘プロがあんなに飛ばすのはそのためです。だから、マネをするだけで飛ぶようになっていくのは当たり前なのです。

自分のスイングを見て、プロのスイングと比べ、不足しているものをプラスしたり、余計なロスを減らせば、自然に効率のいいスイングが出来上がります。まずは、自分のスイングを知ることから。恥ずかしがらずに、さあ、やってみよう！

5 風をつかめ

飛ばしのためのコースマネジメントについても考えてみましょう。「飛ばしのお約束」の項で解説したように、飛距離アップといっても、いろいろな方法があります。様々な方法でヘッドスピードを上げるためのスイングをつくる、クラブを選ぶ、ボールを選ぶ……。飛ばしやすいコースを選んでプレーするというのもありましたね。飛ばすためにできることはすべてやってきたと思っているでしょう？　その上で、さらに飛ばしたいと思うのなら、飛距離が出せるシーン（場面）を見逃さないことが大切なんです。分かりますか？　コースマネジメントで飛距離を稼ぐことを探るのです。

まずは**風向き**です。フォロー（追い風）でボールが飛ぶのは当たり前。では、サイドウインド（横風）ならどうでしょう？　この場合も、工夫次第で飛ばすことができるんです。どうやって飛ばすかって？　**風に向かっていかない球を打つ**んですよ。つまり、風を利用するのです。横風でも風上から風下に向かう弾道の球を打てば飛距離はアップする。簡単なことです。右から左に吹くフック風なら、フック回転の球を打つ。左から右へのスライス風なら、スライス回転の球を打つ。そうすれば風に乗って飛距離が稼げます。

フックやスライスなんて打ちわけられない？　だったら、ティーグラウンドを上手に使いましょう。ティーグラウンドの右端から左フェアウエーに打つ、左端から右フェアウエーに打つ。いずれも、風とケンカせず、フック風、スライス風に上手に乗せるのです。

この方法は、ドライバーだけではなく、パー3のティーショットでも使えます。（もちろん私も含めてですが）頭を使ってゴルフをしているプロは当たり前にやっているのですが、ビトウィナー（クラブとクラブの番手間にあたる中途半端な距離が残ったときのこと）の場面になったとき、風を使ってクラブギャップを埋められるというわけです。

もう一つ、**パー3では球をティーアップすることで飛距離をアップすることができます。**ティーアップをすると地面との摩擦がなくなる。その分、ヘッドスピードが上がり、トラジエクトリー（trajectory ＝打ち出し角）が上がるので、キャリーが出て球が飛ぶんです。芝から直接打つと、7番アイアンで150ヤードという人が、ティーアップして7番アイアンを打つと155ヤード飛ぶようになるのはそのためです。

逆に、元々そのクラブで出せる飛距離を落として調整したいのなら、ティーアップしなければよいという理屈です。

クラブを短く持って飛距離を落とすという方法ももちろん有効ですが、意外と逆効果になることがあります。理論的には飛距離は落ちるはずなのに、なぜか「飛んじゃった」という人がいる。これは、短く持ったことでいつもよりしっかりと芯に当たってしまい、飛距離が出過ぎてしまうというわけです。これよりはティーアップの有無で調節するほうが簡単ですよ。

また、風の種類にもいろいろあります。海風のように湿気を含んだ風は飛距離を落とし、乾燥した風は飛距離を上げてくれます。覚えておくといいですね。

6 コースの形状を分析して飛ばす

もう一つ、コースの形状を知って飛ばすという方法を伝授しましょう。コースをラウンドしているとき、打った球が落ちる場所、いわゆるキャリー地点がどこなのかということは非常に大事なことです。受けている面なのか、ダウンヒルなのか、右から左へ下がる傾斜（バンク）なのか、マウンドがあるのか……。受けているところに落ちるなら球はそこで止まってしまうか、悪くすると戻ってきてしまうし、ダウンヒルなら、さらにランが出て距離が稼げる。ちょうど、落下地点にマウンドがあるなら、それを越える球を打つのか、ランのある球を手前に打って転がし上げるのか、それとも手前にレイアップして次のショットが打ちやすいライを選ぶのか。右から左へ下がる傾斜なら、フック回転の球を打てば落ちてからエクストラのランが出る。逆も同様です。地面が乾いているか、湿っているかによっても違ってくるし、硬さや芝質、芝の長さによっても違うので、注意深く観察してください。

分かりやすいのが、マスターズの行われるオーガスタナショナルGC（米ジョージア州）の13番パー5です。アーメンコーナーの最後を飾るここは、左ドッグレッグで右から左へ下がる傾斜がきついホール。だから、ロードローを打っていけば、１００ヤードくらいランが出るのです。狙ってそういう球を打てるようになれば、攻略しやすいホールだともいえますね。

飛ばし屋と呼ばれるトッププレーヤーたちは、ただ、むやみにドライバーを振り回しているわけではないのです。マスターズ２勝のバッバ・ワトソンなどもそうですね。例えば、WGC／ブリヂストン招待の舞台、ファイヤーストーンCC（米オハイオ州）の名物ホール、16番は、フェアウエーが右から左に上がる傾斜をしているパー５（６６７ヤード）です。２０１６年大会で、ワトソンはここで大きなスライスを打ち、フェアウエーの丘に当てて、さらに飛距離を稼ぐ方法をとったのです。キャリーで３３０ヤード、ランが60ヤードも出ていたと思います。

２０１５年の全米オープンで、チェンバーズ・ベイGC（米ワシントン州）を攻略したジェイソン・デイも、やはり頭を使ったコースマネジメントでエクストラの飛距離を出していました。地面が硬く、芝も少ない同コースは、ランがすごく出るグラウンドコンディション。だから、デイは２番アイアンなどを駆使して、徹底的に転がる球を打ち、上位に入ったのです。

かつてのリー・トレビノや、横峯さくらプロなども、どちらかといえばランで飛距離を稼いでいく選手。世界の飛ばし屋たちの多くは、自分のポテンシャルだけでなく、頭も使って飛距離を出しているのです。

みなさんも、自分がプレーするコースの形状やコンディションをよく分析し、マネしてみてください。それも飛距離アップへの近道です。

7 グラウンドコンディションを分析して飛ばす

コースの性質を知り、飛距離を伸ばすというのも一つの作戦です。前項で少し触れたグラウンドコンディションのことを、もう少し掘り下げてみましょう。

まず、**地面の硬さ**がありますね。岩盤の上にあるコースは、当然、下が硬く、転がりやすい。逆に砂地の上にコースがあれば、下は柔らかい。

次に**芝質**です。スコットランドの硬いグラウンドの上に毛のないベント芝という場合や、北海道のベント芝を短く刈ったフェアウエーなどがよく転がるのは当然ですね。一方、芝の立った高麗は転がらない。これを見極めながらプレーしましょう。

もう一つ、大事なのが**コースの標高**です。標高の高いところは気圧が下がります。だから球は飛ぶ。以前、米ツアーのジ・インターナショナルという大会を開催していたキャッスルロックGCなどは、マイルハイシティ（標高1マイル＝約1600ｍにある街）と呼ばれるデンバーから、さらに標高の高い場所にあり、飛ばし屋たちがいつも以上に飛ばしてプレーしていることで有名でした。日本でも軽井沢や八ヶ岳など標高の高いコースでは飛距離が出るので、ぜひプレーして実感してみてください。つまり、経験したことのない飛距離を味わってみたいなら高地に行くこと。これ、鉄則です。ちなみにタケの調査では、日本一の標高にあるのは「雲上のゴルフ場」を標榜する菅平グリーンＧ（長野県）の4番ホールグリーンで1658ｍ。世界一はインドのヤク・ゴルフコースですが、これはもはやヒマラヤといってもいい場所なので3970ｍ!!　富士山より高いですね。高山病と戦いながらゴルフをすることになるのかな。

8 やっていい大バクチ

スコアよりも飛距離。それを身上とするのなら、ときには大バクチを打つのも悪くないでしょう。

左右OBなし、何の心配もないようなワイドオープンなホールなら、何も考えずフルスイングしてかっ飛ばせばいいでしょう。でも、そんなホールが多いコースでも、やはり罠《わな》は潜んでいます。

例えば、気持ちよくプレーしていた何ホール目かで直面した、右OB、左は池というホール。さあ、あなたならティーショットをどこに打ちますか? もちろん、その間のセーフティーエリアを狙うのですが、ミスしてもいいのはどっちでしょう? 迷ってる場合ではありません! もちろん、左です。だって、OBは1打罰で打ち直し、つまり1打罰の上に距離の罰までついてしまうのです。でも、池は1打罰だけ。距離の罰はなく、球が入った場所から打つことができます。このくらいのリスクなら冒してもいいでしょう。絶対に右に行かない球で思い切って攻めていきましょう。池に入っても、前には進めますから、ここまでやってきた飛ばしの極意を披露してください。そうすれば、一皮むけたゴルファーになれるはずです。

ただし、絶対にバクチを打ってはいけないのは両サイドにOBが待ち構えている場合。こんなホールでむやみに振り回すような人については、当局は関知いたしません(笑)。

また、飛距離ギリギリの池や障害がある場合についても、同様ですね。確率は低くとも、越えるポテンシャルがあるのなら、どんどんトライすべし！　ミスして、池につかまっても、それを繰り返すことで確率は上がっていきます。平均飛距離という考え方を最初にお話ししましたね。安全策ばかりでは、飛距離も確率も上がりませんからね。このくらいのバクチは、飛ばし屋への道と心得てください。

キャリーが250ヤードの人が、255ヤードキャリーしなければ池に入ってしまうホールに直面したとき、フォローの風が吹いていればやってみる価値はあります。また、そのシチュエーションに、ラウンドのどのあたりで直面したかによってもギャンブルをするかどうかは変わってきます。早いうちなら立ち直りやすいのでなおさら、トライすべし！

ただし、絶対に越えない距離を狙うのは、バクチですらない愚かな行為ですので、どうぞ忘れずに。タケ小山が相撲で横綱・白鵬関に挑戦するようなことです。1%でも可能性があるならやる。それがポイントです。

本当の飛ばしのポイントは、何度も繰り返しているように正確に遠くに飛ばすこと。1ヤードでも平均飛距離を伸ばすことを考えるのがまず第一で、その後は、井の中の蛙になるな！　ということ。アマチュアの中では飛ばし屋でも、プロの中に入ればただの人。日本国内では飛ばし屋でも、世界に出ればただの人という場合があります。周囲をしっかり見据えながらもマイペースで、1ヤードでも平均飛距離を伸ばしましょう。

タケ小山のドライバーショット（前から）

タケ小山のドライバーショット（右横から）

タケ小山のドライバーショット（後ろから）

タケ小山のドライバーショット（左横から）

おわりに

最後にもう一つ、ゴルフというスポーツをする上で大切なことをお話ししておきましょう。それは、自分に合ったティー（グラウンド）を選んで、そこからプレーするということです。老若男女、プロもアマチュアも一緒に楽しめるのがゴルフというスポーツのいいところ。それができるのは、いくつかのティーを選んでプレーすることができるからなのです。

アメリカのゴルフ場に行くと、スコアカードを見ながら「オレはブルー（ティー）からプレーする」「ここはホワイト（ティー）だな」などと、４人が話をしている光景によく出くわします。〝Which tee do you wanna play from?〟（どのティーから打ちたい？）は、あいさつ代わりなのです。ところが、日本ではめったにこんな光景にお目にかかることはありません。当たり前のように、男性は白ティー、女性は赤ティーから打っていないでしょうか？　あるいは、腕に覚えのある人たちならどんなコースでも青ティーから打つことをよしとしていませんか？　それは間違っています。だって、どんなに一生懸命打ってもパーオンしないホールばかりだったら、つまらないでしょ？　寄せワンのパーを拾うか、ボギー狙いばかり。それじゃ、よくても90台ペースのゴルフばかりで、モチベーションは上がりません。ポイントは、ナイスショットを続ければ、きちんとパーオンできるティーからプレーをすること。これなら2パットでパーがとれるでしょう。

基本的には、やはりパープレーをターゲットにしてゴルフを楽しんでほしいのです。ミスショットしたら仕方ありませんが、ナイスショットが続いたのにパーオンしないのでは、この目標が設定できません。それではよくない。まずまずの腕前だけど飛距離はそれほどでもない女性が、「上手になりたいから」という理由で、いつも白ティーでプレーするのもある意味間違っています。白ティーからパーオンするだけの飛距離があるならもちろん構いませんが、寄せワンばかりではパープレーを狙うのは難しいからです。ナイスショットには、可能性がなければつまらないですからね。

50歳になった年に私が出た日本シニアオープンの予選会の舞台は、大阪よみうりＣＣでした。距離は約６８００ヤード。シニアになった私には適正な距離だったと実感しました。同じコースで行われていた２００７年のタマノイ酢マンダムよみうりオープンの予選にも出場しましたが、こちらはレギュラーツアーなので約7150ヤードのセッティング。持つクラブが全く違ってしまったことを思い出します。

2015年全米オープン開催のチェンバーズ・ベイGCは、距離が長すぎてフェアではない印象がありました。パーオンしていかない選手が多すぎるのには疑問が残ります。これに対して、毎年、同じオーガスタナショナルGCで行われるマスターズが面白いのは、7100ヤード前後という距離の設定にあります。飛距離のない選手でもパーオンはしていく。ザック・ジョンソンのような選手にも優勝のチャンスがあるから、モチベーションが下がらないのです。

本書は「飛ばしのお約束」ですが、ゴルフはスコアをターゲットとするのが本来の姿です。スコアとリンクしない飛ばしには意味がないと心得てください。スコアというのはクセになる傾向があります。だから、自分に適正な距離で良いスコアを出すことができれば、それがアベレージになっていくのです。よく「ベストスコアが出た!」と喜ぶと「コースが短かったんだろ」とか「白ティーからだろ」などとバカにする人がいますが、とんでもない! 適正な距離で良いスコアを出せば、それでいいんです。

僕が育った神奈川CCは距離もあまりないのでいいスコアが出るコースです。だから、僕はそこに行けば、必ず60台を狙います。距離はありませんが、左右はOB。そんな中で、全部ドライバーを使い、飛ばしながら曲げないゴルフを学んだのはここなのです。だから、60歳になったらまず、ここでエージシュートを狙いたいと思っています。

エージシュートの話が出ましたが、ゴルフの究極の楽しみはまさにこれでしょう。長生きして、飛距離をキープして、これを狙うこと。みなさんの可能性は限りなく開けています。うまくなりたいと思っているうちは、うまくなる可能性があります。飛ばしたいと思っているうちは、飛ぶようになる可能性があります。本書は、そんなゴルファーたちのためのバイブルです。だから、これを手に取って読んでくださっているあなたには大きな可能性があります。これは、あなたのモチベーションの手助けをする本なのです。そのためにも、さあ今すぐ、できることから始めてください。

２０１６年9月

タケ小山

本書は日経プレミアシリーズのために書き下ろされたものです。

タケ小山　たけ・こやま

プロゴルファー、ゴルフ解説者。1964年7月7日、東京都生まれ。中央大学卒業。89年に米国フロリダ州のゴルフ場所属プロとして渡米。米国、カナダ、オーストラリア、アジアなど世界中のツアーや試合に参戦。2007年に帰国、国内ツアーに参戦。08年に早稲田大学大学院に入学し、スポーツマネジメントを学ぶ。現在はテレビ、ラジオなど幅広いメディアで活躍し、軽妙なトークと辛口解説で人気。本名・小山武明（こやまたけあき）。

日経プレミアシリーズ｜319

こうすれば250ヤードは超《こ》える!! 飛《と》ばしのお約束《やくそく》

二〇一六年九月八日　一刷

著者　タケ小山

発行者　斎藤修一

発行所　日本経済新聞出版社
http://www.nikkeibook.com/
東京都千代田区大手町一―三―七　〒一〇〇―八〇六六
電話（〇三）三二七〇―〇二五一（代）

装幀　ベターデイズ

組版　ヤマダジムショ

印刷・製本　凸版印刷株式会社

ISBN 978-4-532-26319-5　Printed in Japan

日経プレミアシリーズ197

藤田寛之のゴルフ哲学

藤田寛之

小さい体格にも関わらず鍛錬を重ねて年齢に打ち勝ち、43歳にして初の賞金王に輝いた藤田寛之プロの技術、練習、戦略、メンタル、体調管理などゴルフに関するあらゆる事柄を凝縮。「アラフォーの星」藤田プロが悩めるアマチュアゴルファーにおくるゴルフ開眼の書。

日経プレミアシリーズ205

宮本勝昌の10打縮めるゴルフ上達術

宮本勝昌

日本ゴルフツアー選手権2勝など国内メジャー大会通算4勝の実績をもち、2005年から国内男子ツアー151試合連続出場という記録をつくった「鉄人」でもある宮本勝昌プロが独自の理論と哲学でアマチュアゴルファーのゴルフをワンランクアップさせる指南書。

日経プレミアシリーズ244

深堀圭一郎のゴルフマネジメント

深堀圭一郎

ツアーでの活躍はもとより、各種メディアでの指導やゴルフの普及・振興にも精力的な活動を続ける深堀圭一郎プロが、自身で実践しているトレーニング方法やアドレス、スイング、ラウンドの考え方などゴルフのレベルアップにつながるメソッドを紹介する。

日経プレミアシリーズ221

芹澤信雄のこうすれば上手くなる！ゴルフのツボ

芹澤信雄

元祖「アラフォーの星」芹澤信雄プロの技術が凝縮されたゴルフ上達指南書。小さな体格や非力なプレーヤーにロングディスタンスと正確な技を伝授する、ゴルフ上達のツボを解説したアマチュアゴルファー必読の一冊。

日経プレミアシリーズ264

4スタンス理論から実現！常に100を切るゴルフ

鈴木規夫 著　廣戸聡一 監修

人が先天的にもっている4つの身体特性を知り、自分の特性に応じた身体の動かし方をすればゴルフは変わる。本書は「100の壁」に悩むゴルファーに向け、4スタンス理論に基づいたポイントを人気シニアプロが的確にアドバイスする。

日経プレミアシリーズ193

岡本綾子のすぐにチェックしたい！ゴルフの急所

岡本綾子

門下生がツアーで大活躍している岡本綾子プロのメソッドを凝縮したゴルフ上達指南書。エチケット、マナーからスイング、ショット、コースマネジメント、用具、トレーニングまで、アマチュアゴルファーの悩めるポイントをズバリ解決します。

日経プレミアシリーズ289

150ヤード以内は必ず3打で上がれる!! アプローチのお約束

タケ小山

実際のラウンドでスコアメイクの成否を分ける95％以上の要因がショートゲームであるといわれている。本書は、各種メディアにおける舌鋒鋭い解説でもおなじみのプロが、「150ヤード以内の免許皆伝」を約束するアベレージゴルファー向け実践アプローチ技術解説書。

日経プレミアシリーズ301

クラブを正しく使えばもっと飛ぶ!!

関 雅史

いくら振り回しても飛ばないのは、クラブを正しく使えていないから。身長166センチの体格ながら、ドライビングコンテストで382ヤードを記録したこともある飛ばし屋ティーチングプロが、そのメカニズムと実践法を伝授するゴルフ開眼の書。

日経プレミアシリーズ308

内藤雄士の「あすゴル！」

内藤雄士著　ゴルフネットワーク監修

人気ツアープロコーチがレッスン番組で伝授してきたメソッドを凝縮したゴルフスキルアップ指南書。グリップ、アドレスから飛距離アップのためにやるべきこと、各クラブの扱い方や正確なショットを生み出すストレッチにいたるまで、正しいスイングや基本的なテクニックが自然と身につくドリルが満載!!